관상과 식별

Robert Faricy, S.J.
Seeking Jesus in Contemplation and Discernment
(Wilmington, Delaware: Michael Glazier, 1983)
© 1983 by Robert Faricy, S.J.

By permisson of Robert Faricy, S.J.
Korean trans. by Luke Sim Jong-Hyeok, S.J.

Korean translation edition © 1996 Living with Scripture Publishers,
Seoul, Korea

관상과 식별

어떻게 해야 하느님의 뜻을 잘 알아들을 수 있는가?

로버트 페리시 지음/ 심종혁 옮김

성서와함께

차례

머리글 7
제1장 예수 그리스도와 맺는 인격적 관계 11
제2장 관상: 예수님을 바라봄 23
제3장 관상: 성령께서 주시는 선물 35
제4장 예수님의 생애 신비를 관상함 47
제5장 내 삶 속에 현존하시는 예수님을 관상함 59
제6장 기도의 여정 73
제7장 어둠과 빛 87
제8장 영신식별: 식별하기 101
제9장 영신식별: 결정하기 121
제10장 영신식별: 영적 투쟁 135
제11장 사랑과 식별 149
제12장 식별과 예수님의 어머니 165
마지막 한마디 173
이 책을 옮기면서 175
참고 문헌 179

머리글

여러분에게 저자와 주제가 가장 이상적으로 합치된 책을 기쁜 마음으로 소개합니다.

이 책에서 다루는 내용은 매우 중요한 주제이기에 자세한 설명이 필요합니다. 요즘 들어 예수님과의 인격적 관계나 성령의 힘에 대한 체험적 지식이 특별히 강조되고 있습니다. 그래서 이러한 현대 상황에서 체험하게 되는 현상과 영성생활에 대한 가톨릭교회의 전통적 가르침이 어떻게 서로 연관되는지 명확하고 분명하게 밝혀야 할 필요가 있습니다.

예수회의 로버트 페리시 신부님은 금욕 신비신학의 전문가로 로마 성청의 여러 대학에서 지난 17년간 가르쳐 왔습니다. 지난 15년 동안 가톨릭 성령 쇄신 운동의 지도자로, 최근까지 이탈리아 사회복지위원회의 지도신부로, 또 지난 7년 동안 성모 발현이나 현시 혹은 현청 등의 현상에 관한 전문가로 일하기도 했습니다. 페리시 신부님은 하느님께서 말씀하시는 것을 알아들어 실제로 행하려는 열정이 대단한 분입니다. 여러분도 이 책을 읽으며 그러한 사랑의 열정을 발견하게 될 것입니다. 그분은 이 책을 통하여 진지하게 영성생활을 염원하는 여러분에게 많은 도움을 줄 뿐 아니라, 신학자에게도 영성생활의 중요한 의미를 일러 줍니다. 금욕 신비신학의 전통적 가르침과 특히 요즘의 성령 쇄신과 관련된 가톨릭 신자들의 체험을 깊이 연결시키며 실천 지침을 제시합니다.

이 책에 담긴 내용은 결코 새롭지 않습니다. 부분적으로는 이미 여러 곳에 소개되었습니다. 심사가 끝난 포도주처럼 이미 그 가치가 증명된 내용입니다. 그렇기에 독자 여러분께 좋은 결과를 가져다 줄 것입니다.

이 책의 앞부분에서는 확고하고 일관성 있으며 통합된 가르침이 제시됩니다. 관상기도에 대한 가톨릭교회의 전통적 가르침을 요즈음 무척 강조되는 예수님과의 인격적 관계, 성령 세례, 신령한 언어의 기도 등과 연결하여 설명합니다. 페리시 신부님은 로마 그레고리오 대학교의 영성신학 교수로서 자신이 다루고 설명하는 내용에 대하여 학문적으로 깊이 연구한 분입니다. 이냐시오식 기도나 예수의 성녀 데레사가 말씀하신 기도의 네 단계와 일곱 궁방 등의 가르침을 깊이 있으면서도 단순하게 설명합니다. 환청, 환시, 신비적 접촉, 영혼의 어두운 밤 등의 어려운 주제도 묵상기도나 묵주기도를 다루는 것과 마찬가지로 군더더기 없이 단순하고 명확하게 다룹니다.

이 책의 뒷부분에서는 영신식별에 관해 다루는데, 특히 관상기도를 영신식별의 기초로서 설명합니다. 이냐시오의 영신식별 규범을 하나하나 설명하고, 매일의 삶에서 올바른 결정을 내릴 수 있도록 돕는 실천 지침을 제시합니다. 영적 위안과 영적 투쟁에 연관된 복잡한 문제를 다루면서도 단순하고 알기 쉽게 설명합니다. 그리고 마지막으로 사랑의 식별에 초점을 맞춥니다.

이 후반부를 읽으면서 여러분은 거기에 무엇인가 좀 더 깊이 다루어져야 할 것이 있음을 분명히 느낄 것입니다. 그리고 그 작업을 더 심화시킬 수 있는 재능을 지닌 분이 바로 이 책의 저자임을 알게 될 것입니다. 이 책을 다 읽고 나면 여러분은 저자가 제시해 줄 새로운 내용을 기다리게 될 것입니다. 한번 기대해 봅시다.

1987년 8월 1일
미카엘 스캔란 신부(Michael Scanlan, T.O.R.)

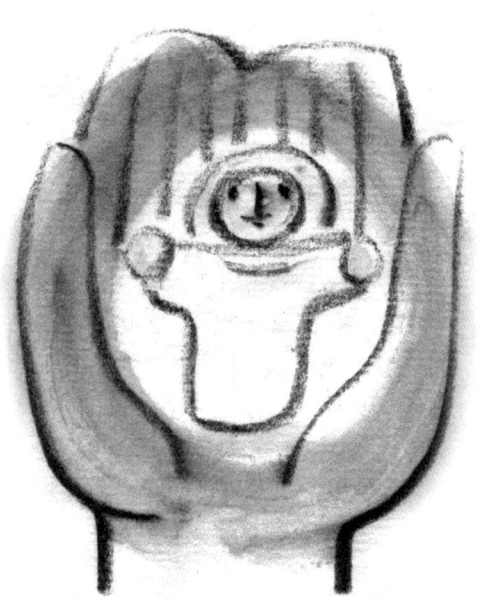

제1장

예수 그리스도와 맺는 인격적 관계

나를 위해, 하느님이시면서도 사람이 되신 예수 그리스도께서는 십자가 위에서 돌아가셨고, 죽은 이들 가운데서 살아나셨으며, 온 우주의 주님이며 나의 주님으로 성부 오른편에 오르셨습니다. 만물의 주님이신 분이 동시에 내 삶의 주님이십니다.

부활하신 주님께서 내 이름을 부르십니다. 그분은 나를 송두리째 속속들이 아시고, 나의 장점과 약점, 과거와 현재, 미래를 모두 알고 계십니다.

그분은 나를 온전히 받아 주시고, 나의 약점, 왜소함, 죄스러움마저도 있는 그대로 온전히 사랑하십니다.

그리고 친히 내 이름을 부르십니다.

내 이름을 부르시는 분

내 신분이 어떠하든, 나의 개인 소명이 어떠하든 — 독신이 거나 결혼했거나, 혹은 치과의사이거나 가정 주부이거나 회사원이거나, 혼자 살고 있거나 다른 사람들과 함께 살고 있거나 간에 — 근본적으로 나는 성령께서 이루시는 일치 안에서 성부와 성자 예수님과 일치하는 삶을 살도록 성부의 부르심을 받았습니다. 이것이야말로 가장 기본적이고도 근본적인 나의 개인 소명입니다. 하느님의 다른 부르심은 이 근본적인 개인 소명을 더 구체적이고 세세하게 표현한 변형일 뿐입니다. 지금 그리고 앞으로 다가올 세상에서 하느님과 일치를 이루는 것이 바로 나의 근본 소명입니다. "님 위해 우리를 내시었기"라고 기도한 아우구스티노와 함께, 나도 하느님께 말씀드릴 수 있습니다. "님 안에 쉬기까지는 우리 마음이 찹찹하지 않습니다"(고백록 1,1).

"하느님께서는 그리스도 안에서 하늘의 온갖 영적인 복을 우리에게 내리셨습니다. 세상 창조 이전에 그리스도 안에서 우리를 선택하시어, 우리가 당신 앞에 거룩하고 흠 없는 사람이 되게 해 주셨습니다"(에페 1,3-4). 하느님께서는 내가 존재하기 훨씬 이전에 이미 나를 부르셨고, 예수 그리스도를 통하여 그분 안에서 창조되도록 부르셨습니다(요한 1,1-2 참조). 성부께서 내가 예수님을 통하여 그분 안에서 존재하고 예수님과 일치한 가운데 성장하도록 나를 부르셨기에 내가 존재합니다. 예수 그리스도와의 일치, 바로 이것이 내가 존재하는 목적이고 내 삶의 의미입니다.

하느님께서 나를 개인적으로 부르신, 곧 나의 개인 소명은 내 존재보다 더 근본적입니다. 오직 하느님만이 당신 스스로의 힘으로 존재하십니다. 나는 하느님의 힘에 의해, 즉 내 이름을 부르시는 하느님 사랑의 힘에 의해 존재합니다. 하느님께서는 내가 존재하도록, 당신 성자 예수님 안에서 성장하도록 부르셨습니다.

예수 그리스도와 깊이 일치를 이루고 성장하도록 하느님께서 부르신 존재가 바로 나입니다. 나는 아직 내가 진정으로 누구인지 모릅니다. 사물과 사람은 결국 마지막에 성취된 바로 그 모습으로 자신의 진정한 신원을 드러냅니다. 나는 참다운 내가 되어 가는 중입니다. 나는 죽어서 주님 앞에 나아가기 전까지 결코 진정으로 내가 누구인지 모를 것입니다. 참되고 가장 깊은 내 신원은 주님 안에 숨겨져 있습니다. 지상에서 내 삶이 끝날 때, 그분은 나에게 나의 비밀이며 참다운 이름 "새 이름"이 새겨진 "흰 돌"을 주실 것입니다(묵시

2,17 참조).

나의 완전한 의미는 지상 삶이 끝나는 순간에나 드러나게 될 것입니다. 왜냐하면 한 사람의 진정한 의미란 결국 그가 마지막으로 무엇이 되느냐에 따라, 또 그것으로만 드러나기 때문입니다. 이것이 부분적으로는 오후 다섯시쯤에야 일터로 보내진 사람에 관한 포도밭 일꾼과 품삯의 비유(마태 20,1-16)와 십자가에서 회개한 죄수의 이야기(루카 23,40-43)에 담긴 뜻입니다. 나는 예수님 안에서 마지막으로 완성되기 위해 나아갑니다. 내 의미와 방향은 예수님 안에서만 찾을 수 있습니다. 예수님을 내 삶의 주님이라고 말할 때 뜻하는 바가 바로 이것입니다.

한 걸음 더 나아가, 그리스도 안에서 창조된다는 의미도 바로 이것입니다. 모든 것은 그리스도 안에서 창조되었고, 나도 마찬가지입니다. 만물이 그분을 통하여 창조되고 그분 안에서 존속하기에(콜로 1,16-17 참조), 그분 앞에서는 모든 것이 상대적입니다. 나도 마찬가지입니다. 참되고 고귀한 나는 바로 예수님과 연관되어 있는 나 자신입니다.

나는 "하느님의 작품"으로 "그리스도 예수님 안에서 창조" 되었습니다(에페 2,10). 그러기에 내 삶의 의미는 예수 그리스도와 일치한 가운데, 그분과 맺은 인격적 관계 안에서,

그분과 나누는 친교를 통해서 점점 더 드러납니다.

예수님과 점점 더 일치하면서 나는 참다운 내가 됩니다. 그분의 사랑은 끊임없이 나를 창조하고, 나를 새롭게 하며, 더욱 참다운 내가 되도록 이끄십니다.

인격적 사랑

일치하여 전체를 이루는 개개 요소는 서로 분화됩니다. 인간의 몸에서 이 점을 살펴볼 수 있습니다. 서로 다른 기관과 부분이 각각 고도로 발전하고 잘게 나뉘어 나름대로 다양한 기능을 수행합니다. 하나의 단체도 마찬가지입니다. 교육팀이나 수술팀은 제각기 고유한 역할을 수행하는 여러 사람으로 구성됩니다. 농구팀의 선수 다섯 명도 맡은 바 역할이 각각 다릅니다. 선수들이 최선을 다해 자기 역할을 훌륭히 해낼 때, 비로소 팀은 우승을 목표로 단결하여 함께 일할 수 있는 능력을 지니게 됩니다.

사람 사이의 일치가 단지 교육이나 농구 경기에서 우승하는 것과 같은 기능적 목표를 염두에 둔 게 아니라 서로 간의 진정한 일치를 의미한다면, 그 일치 안에서는 각각의 구성원이 바로 개개의 인격으로 구분됩니다. 그것은 인격적 일치입니다. 과연 무엇이 사람을 인격적으로 일치시킵니까? 양상이 어떠하든 그것은 분명히 사랑일 것입니다. 부부 간의 사랑, 가족 간의 사랑, 친구 간의 사랑, 이 모든 것은 사랑을 통해 사랑 안에서 마음과 마음으로 사람들을 일치시킵니다. 사랑의 일치는 일치를 이루는 각 사람을 고유하게 합니다. 결혼 생활이 사랑과 그 사랑이 요구하는 희생에 기초를 둘 때, 결혼한 두 사람은 개성을 잃어버린 한 덩어리로 일치하지 않습니다. 오히려 반대로 남편과 아내는 일상에서 생생하게 일치함으로써 각각의 고유한 인격체로 성장하게 됩니다. 가정에 참다운 사랑이 있을 때, 그 사랑을 통해서 가정의 각 구성원은 고유한 개별적 인격으로 성장하게 됩니다. 진정한 우정이 소유욕과 지배욕을 떠나 이기적 관심이 아니라 사랑에 바탕을 둘 때, 그 사이에 인격적 일치가 이루어져 친구가 고유한 인격체로 성장하도록 돕습니다.

    나와 예수 그리스도의 일치도 마찬가지입니다. 아시시의 프란치스코, 예수의 데레사, 이냐시오 데 로욜라, 토마스 모어, 시에나의 카타리나, 아기 예수의 소화 데레사 등과 같은 위대한 성인들은 특출한 인물이었습니다. 그들이 주님과 가깝고 친밀하게 일치한 결과, 그들은 한 고유한 인격으로 성숙하였고 참다운 자기 자신이 되는 데 이르렀습니다. 사랑의 일치는 결코 나를 파괴하지 않고, 오히려 고유한 인격으로 성숙시켜 줍니다. 예수 그리스도와의 사랑스러운 일치를 통해 나는 한 인격으로 성숙해 갑니다.

예수 그리스도와의 인격적 관계

주님이신 예수님은 나를 부르셔서 당신과 가까운 상호 인격적 사랑 안에 일치하도록 이끌어 가십니다. 그분이 내 존재 전체의 의미이고 완성이기에, 내 삶의 핵심 관계는 물론 그분과 맺는 관계입니다. 이 인격적 관계는 내가 타인과 맺는 모든 관계, 즉 나와 함께 사는 사람, 내 가족의 다른 구성원, 친구, 함께 일하는 동료와 나누는 관계의 유기적 원리가 되어야 합니다. 예수 그리스도와 맺는 그 핵심 관계가 다른 이와 나누는 관계, 특히 나에게 소중한 관계에 생명과 생기를 주고 삶의 의미를 부여하여 그 관계를 유지시키고 도와줍니다.

    예수 그리스도와 나의 관계 역시 모든 상호 관계의 일반 법칙을 따르고, 특별히 그 관계를 존속시키고 유지시키는 현존의 법칙을 따릅니다. 주님은 늘 나에게 현존해 계십니다. 나 역시 의식적으로 그분께 현존해 있어야 합니다. 내가 기도하는 것이 바로 그분께 현존해 있는 것입니다. 내 삶의 중심부에 주님과의 관계가 놓여 있습니다. 그리고 그 관계의 중심에 내 기도가 있습니다.

객관적으로 나는 이미 예수 그리스도와 관계를 맺고 있습니다. 내 존재는 객관적으로 그분께 의존하고 있습니다. 기도란 의식적으로 주님을 향하는 것입니다. 즉 주님과 객관적으로 맺고 있는 실제 관계를 자신과 연관하여 의식화한다는 뜻입니다. 사실로 존재하는 그 관계를 내 의식 속으로 끌어들이는 것입니다.

기도를 통해서 나는 참다운 나를 표면에 떠오르게 합니다. 참되고 진실한 나는 바로 예수 그리스도와의 인격적 관계 안에 놓인 자신입니다. 참되고 진정한 나는 내가 주님과 맺는 관계를 포함하고 있습니다. 모든 존재는 바로 내가 주님과 맺는 관계에 달려 있기에, 이 관계는 내가 존재한다는 사실보다 더 중요합니다. 나는 누구입니까? 바로 주님과 인격적 관계를 맺고 있는 존재입니다. 기도를 통해서 나는 이 사실을 의식하고 알게 됩니다. 내가 주님의 현존 앞에 서 있음을 진지하게 의식하는 것, 이것이 바로 기도입니다.

부활하신 예수 그리스도 안에서 나를 위해 현존하시며

이름으로 나를 부르시는 하느님과 친밀하고 사랑스럽고 의식적인 관계를 실제로 맺을 수 있다는 것은 놀라운 신비입니다. 이것이 바로 나를 위한 하느님의 사랑의 신비입니다. 나를 사랑하시기 때문에 하느님께서는 내가 기도할 수 있도록 당신의 성령을 보내 주십니다.

기도

주 예수님, 제가 기도할 수 있도록 가르쳐 주십시오.
그래서 당신과 인격적 사랑의 관계를 맺고
그 안으로 들어가도록 이끌어 주십시오.
저를 위한 당신의 놀라운 사랑을 깨닫도록
가르쳐 주시고, 당신께서 저를 개별적으로 부르셔서
당신과 친밀한 사랑의 일치를 누리게 하셨음을
깨닫도록 이끌어 주십시오.
당신과 당신의 사랑에
제가 온전히 의존되어 있음을 일깨워 주십시오.
당신만이 제 미래의 완성이며,
당신 안에 제 삶의 의미가 담겨 있음을 깨닫도록
이끌어 주십시오.
예수님, 제가 기도할 수 있도록 가르쳐 주십시오.
아멘.

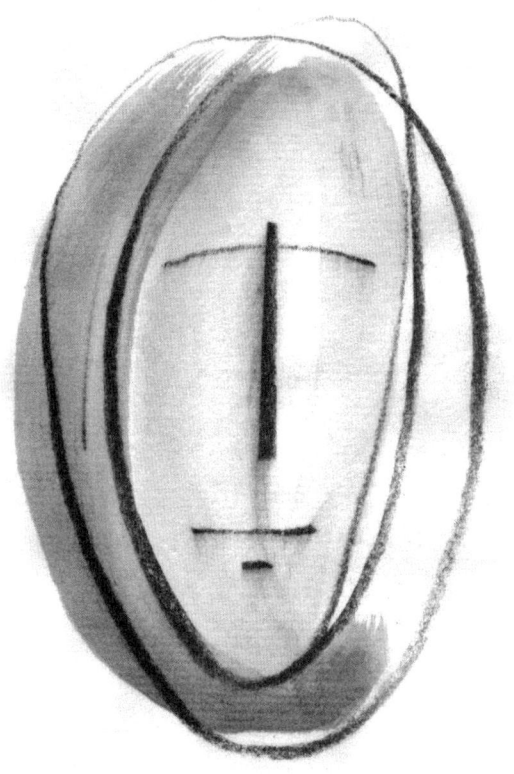

제2장

관상: 예수님을 바라봄

루카 복음서에 나오는 기도에 관한 가르침에서, 마르타와 마리아 자매를 방문하시는 예수님의 이야기가 마치 하나의 머리말처럼 제시되어 있습니다. 집주인으로서 예수님을 모셔 들인 마르타는 식사를 준비하면서 그분에게 불평을 털어놓습니다. "주님, 제 동생이 저 혼자 시중들게 내버려 두는데도 보고만 계십니까? 저를 도우라고 동생에게 일러 주십시오." 주님은 다음과 같이 대답하십니다. "마르타야, 마르타야! 너는 많은 일을 염려하고 걱정하는구나. 그러나 필요한 것은 한 가지뿐이다. 마리아는 좋은 몫을 선택하였다. 그리고 그것을 빼앗기지 않을 것이다"(루카 10,38-42). 마리아가 택한 "좋은 몫"이란 무엇일까요? 그는 예수님의 발치에 앉아서, 사랑에 찬 눈으로 그분을 바라보고 있었습니다.

사랑을 통한 인식

관상기도란 사랑으로 주님을 바라보는 것입니다. 관상은 인식의 한 방법입니다. 나는 관상기도를 통해 주님을 알게 됩니다. 어떤 정보나 사실, 자료를 통해 아는 것이 아니라, 한 사람을 알게 되듯 아는 것입니다. 예수님을 관상함으로써 그분을 더 잘 알게 되는 것은, 공부해서 그분에 관해 알게 되는 것이 아니라 사랑을 통해 '그분을' 더 잘 알게 된다는 뜻입니다.

관상기도를 통해 주님을 알게 되는 것이야말로 참다운 지식이며, 이러한 지식은 어떤 사실을 아는 것보다 더 심오한 인식입니다. '누구'를 아는 것은 그 사람에 '관해' 아는 것과 다릅니다. 내가 사랑하고 나를 사랑하는 사람에 관해 더 많이 알고 싶어 하는 것은 당연합니다. 하지만 이런 정도보다 더 깊이 그분을 알고 싶습니다. 예수님은 나를 완전히 아시고, 나를 깊이 사랑하시며, 이름을 지어 나를 부르십니다. 당신을 사랑하도록 나를 인도하시고, 나를 향한 그분의 사랑과 그 사랑에 응답하는 나의 사랑을 통해 그분을 더 깊이 알도록 이끌어 주십니다.

사랑을 통해 얻는 인식은 결코 추상적이지 않습니다. 관상적 사랑을 통해 얻는 인식은 때로 불분명하고, 어둡고, 모호하며, 구름이 낀 듯하기도 합니다. 하지만 결코 추상적이지는 않습니다. 관상이란 예수 그리스도를 통해 지금 여기에서 나에게 드러나는, 구체적인 한 인격을 사랑으로 아는 것이기에, 그 인식은 구체적입니다.

관상이란 예수님을, 곧 그분의 사랑과 관심과 현존을 체험하는 것입니다. 그 체험은 지성적 체험인 동시에, 마음에서 이루어지는 감성적 체험입니다. 관상이란 예수님의 사랑을 받고 또 그 사랑에 응답하면서 얻어지는 감성적 지식입니다.

그렇기에 느낌이 부각되기도 합니다. 때로는 주님과 멀리 있는 듯한 느낌으로, 아무 특별한 느낌 없이 사막과 같은 건조함 속에서 기도할 수 있고 또 그래야 합니다. 하지만 예수님을 관상하는 것은 나를 느낌의 단계로 이끌어, 사랑과 함께 오는 영적인 맛을 보게 해 줍니다.

예수님의 발치에 앉아 사랑에 찬 눈으로 그분을 바라보며 관상하면, 나 자신의 성품 혹은 고유한 기질과 일치를 이루는 어떤 조화로운 분위기를 느끼게 됩니다. 사랑을 통한 관상적 지식은 내 존재 전체와 일치하고자 합니다. 그것은 바로 사랑을 통하기 때문이며, 사랑은 단지 의지의 활동이 아니라 내 존재 전체의 활동이기 때문입니다. 관상은 내 존재 전체, 나의 고유한 성품과 본성, 혹은 동질성의 조화로운 협력으로 이루어집니다. 이 동질적 지식은 바로 내 것이며 나의 특별한 인식으로서, 거기에는 내 인격이라는 고유한 도장이 찍혀 있습니다. 타인이 예수님을 관상하는 모습으로 내가 관상해서도 안 되고, 내 고유한 인격을 변화시킬 필요도 없습니다. 주님과 관계를 맺는 나는 바로 지금의 나여야 합니다. 현재의 당신 모습으로 주님을 만나십시오.

관상은 하느님의 은총이고 씨앗으로서, 딱딱한 땅에 떨어지거나 가시덤불 위에 떨어져 숨이 막혀 죽거나 새들이 쪼아 먹기도 하고, 때론 기름진 땅에 떨어져 풍성히 자라 많은 열매를 맺기도 합니다. 다른 말로 하면, 우리는 관상의 은총에 협력해야 할 필요가 있습니다.

관상기도의 조건은 무엇입니까? 두 가지가 있습니다. 첫째는 은총을 받아야 하고, 둘째는 그 은총에 내가 협력해야 합니다.

그러면 관상기도의 선물에 어떻게 협력할 수 있을까요?

신실함과 자유, 그리고 단순함을 통해 관상기도의 선물에 협력할 수 있습니다.

신실함

주님은 관상기도의 선물을 통해서 당신께 신실하도록 나를 부르십니다. 매일의 삶에서 어떤 특정한 순간에 멈추어 사랑 가득한 눈으로 당신을 바라보며, 당신과 함께 보내는 시간에 충실하도록 나를 부르십니다. 내가 주님과 함께 보내는 시간에 충실할 때 나는 주님께 충실할 수 있습니다. 이렇게 이름 지어 나를 부르시는 그분에 대한 응답이 곧 신실함입니다. 관상기도에는 시간을 함께 보낸다는 것보다 훨씬 심오한 그 무엇이 있습니다. 시간도 필요하지만, 그것만으로는 충분치 않습니다. 나 자신이 바로 거기에 있어야 합니다. 그것만으로도 충분치 않지만, 그것은 필요한 일입니다.

  이 세상에서 시간이란 투신과 신실함을 표현하는 기본입니다. 그것이 어떠한 사업 계획이건, 어떤 지침이건, 어떤 사도직이건, 혹은 어떤 사람이건 말입니다. 만일 내가 주님께 투신한다면, 나는 하루에 한 시간 혹은 적어도 반 시간 정도는 짬을 내어 기도해야 합니다.

하지만 과연 관상기도에 정기적으로 꽤 많은 시간을 내놓는 것만으로 충분할까요? 결코 그렇지 않습니다. 그것으로 충분하지 않습니다. 주님은 시간을 계산하는 종지기가 아니십니다. 시간 그 자체가 아니라 그 안에 담긴 사랑의 질이 주요한 관건입니다. 내가 진정으로 예수님을 사랑하는 데 투신한다면 정기적으로 매일 시간을 내드릴 것이고, 어느 것으로도 그 시간을 방해하지 못하게 하며, 어느 누구도 마음속에서 그 시간을 대신 차지하게 하지 않을 것입니다.

신실함의 첫 단계는 바로 시간을 떼어 놓는 데 있습니다.

자유

관상기도는 갈라지지 않은 마음을 요구합니다. 내 삶에서 주님을 첫자리에 모심으로써 오는 내적 자유를 요구합니다. 그래서 우리가 흔히 이야기하는 '무질서한 애착'에서 자유롭게 되어야 할 필요가 있습니다. 주님은 갈라지지 않은 내 마음을 전부 원하십니다. 이는 결코 내가 다른 이를 사랑해서는 안 된다거나 내가 하는 일, 공동체, 내 친구, 내 가족에게 사랑을 지니지 말라는 말이 아닙니다. 이는 모든 애착에서 자유로워짐을 의미하지 않고, 주님에게서 나를 멀리 떼어 놓는 무질서한 애착에서 자유로워짐을 뜻합니다.

일반적으로 관상기도 중 떠오르는 분심이 내가 지닌 무질서한 애착을 감지하게 해 주는 실마리가 될 수 있습니다. (파리가 날아다닌다거나 방이 추워서 생기는 분심 따위가 아니라) 진짜 분심이 생기면, 내 마음속에 누군가 혹은 무엇인가가 떠오르는데 바로 그것을 실마리로 삼을 수 있습니다. 내가 사랑 가득한 눈으로 주님을 바라보고자 하는데, 오히려 내가 좋아하는 친구나 나에게 상처를 입힌 누구, 내가 해야만 하는 어떤 일, 내가 달갑지 않게 여기는 어떤 사실 등이 떠올라 방해를 받는다면, 분명히 어떤 문제가 있음을 감지할 수 있습니다. 이 분심거리는 내 삶에서 주님과의 사랑스러운 관상적 일치를 방해하는 뭔가를 지적해 줍니다.

주님은 나를 내적 자유로 이끄십니다. 그러면 내 친구를 소유물처럼 사랑하지 않고 열린 마음으로 사랑하며, 나의 교묘한 욕심이나 필요에 따라 타인을 조절하려는 경향에서 그를 자유롭게 해 줄 수 있습니다. 나에게 상처를 입힌 이를 용서하고 마음속에서 그 사람과 화해할 수 있게 됩니다. 내가 해야 하는 일에 관해 주님을 신뢰할 수 있고, 바로 그분의 일이기에 나타날 모든 결과에 대해 온전히 그분께 의지할 수 있습니다. 사람들에게 칭찬받고 모든 관심을 독차지하려는 자기 도취적 이기심을 내버리고, 오히려 겸손하게 남을 위한 봉사에 묵묵히 헌신할 수 있게 됩니다. 사실 그 어떤 것도 주님을 관상하는 것에서 나를 방해하지 못합니다.

아울러 기도 중에 나의 무질서한 애착을 주님의 손에 완전히 내놓고 계속해서 주님을 사랑스럽게 바라보는 일은 나의 내적 자유가 자라도록 돕습니다. 또 이 바라봄은 내가 나와 이웃, 주위 사물, 일 등과 맺은 여러 관계 속에 남아 있는 무질서한 애착을 바로잡아 질서 잡히도록 도와줍니다.

자유는 남아 있으면서 갈라지지 않은 마음의 형태를 취합니다.

단순함

주님은 어린이처럼 하느님의 나라를 받아들이라고 초대하십니다. 하느님의 나라는 바로 그분의 마음이며, 그분은 내가 관상기도를 할 때 나에게 당신의 마음을 주십니다. 나는 그것을 유치한 마음이 아니라 어린이와 같은 단순한 마음으로 받아들이고 싶습니다. 심리학자들은 어린이와 같은 순진한 행동이 어른에게도 친밀한 사랑의 관계에 합당한 행동 양식이라고 말합니다. 관상이란 바로 내 삶에서 중요한 사랑의 관계를 친밀하게 표현하는 것입니다. 나는 단순하고 순진한 방식으로 행동할 수 있고, 또 그래야 합니다.

마르타는 큰 책임과 능력을 갖고 많은 일을 바쁘게 수행하며 예수님을 아주 어른스러운 방식으로 대하면서 그분을 돌보아 드리고 좋은 일을 했습니다. 마리아는 어린이처럼 예수님의 발치에 앉아 사랑 가득한 눈으로 단순히 그분을 바라보기만 했습니다. 관상기도란 바로 그런 것입니다. 기도에서 단순함은 조용히 주의를 집중하는 것으로 구현됩니다.

나는 예수님께 신실하고 자유롭고 단순하게 응답함으로써 관상의 은총에 협력할 수 있습니다.

기도

주 예수님, 제 안에 관상의 선물이 자라도록 이끌어 주십시오.
당신께서는 "청하여라, 너희에게 주실 것이다.
찾아라, 너희가 얻을 것이다.
문을 두드려라, 너희에게 열릴 것이다"라고 말씀하셨습니다.
당신께서 저에게 관상의 은혜를 새롭고 넘치도록
베풀어 주시길 구합니다.
저는 당신을 사랑 가득한 눈으로 바라보기 위해
당신의 얼굴을 찾고 있습니다.
당신께서 제게 문을 열어 관상적 일치에서 생겨나는
친밀한 사랑의 선물을 더 풍성히 베풀어 주시도록,
문을 두드리고 있습니다.

예수님의 어머니이신 마리아님,
제가 관상의 은총을 얻도록 저를 위해 기도해 주십시오.
제가 매일의 기도에서 당신의 아드님 예수 그리스도께
충실하도록 기도해 주십시오.
제가 자유롭게 되어 자유 안에 머물며,
제 마음이 예수님을 향하고 그분을 위해 살아가도록
기도해 주십시오. 어린이와 같은 단순한 마음으로

그분의 사랑과 은총을 받아들이도록 기도해 주십시오.
저를 위한 예수님의 사랑을 진지하게 받아들여,
의심하지 않고 단순하게 믿으며,
단순한 마음으로 그 사랑에 응답하여,
사랑스러운 눈으로 그분을 바라보도록
기도해 주십시오.
아멘.

제3장

관상: 성령께서 주시는 선물

오늘날 우리가 공유하고 있는 서양 문화와 같은 미래지향적 문화에서는 실용주의가 모든 관심을 지배합니다. 우리는 미래에 대처하는 방식으로 흔히 실용주의 관점을 택합니다. 사물의 의미를 알려고 하기보다 '그것을 어떻게 해야 하는가'라는 답을 찾습니다. 이것이 바로 기술이 현대를 지배하는 방식입니다. 기술이란 '어떻게 하는가'(know how)의 방법을 뜻합니다. 우리는 그저 어떻게 할 수 있다는 방법을 배우기만 하면 모든 것이 다 되는 양 생각합니다. 예를 들어, '어떻게 기도할 수 있을까?'라는 질문에 대해 곧바로 '어떤 기법이 나에게 도움이 될까?' 하고 찾습니다. 좌선? 혹은 요가? 리듬에 맞춘 호흡? 영성일기? 주문과 같은 단순한 말마디를 되풀이 외우는 것? 나에게 딱 맞는 수련회에 참가하고 나를 도와줄 정신적 지도자(guru)를 찾을 수만 있다면, 정확한 단추를 누를 때까지 계속 시도해 볼 거야 하고 말합니다.

그리스도교에서는 '일하는 방법', 또는 과학 기술보다 인간 관계를 더 중요하게 여깁니다. 서양 문화와 마찬가지로 동양 종교에서도 일을 처리하는 방법을 강조하는 경향이 있습니다. 특히 동양 종교는 영적 기술 중에서도 기도하는 기법을 전문화시킨 듯합니다. 그래서 과학 기술 시대에 살고 있는 많은 이가 하느님을 찾거나 일종의 종교 체험을 추구하면서 하느님을 만나는 '방법'을 제시해 주는 듯한 동양 종교의 기법에 관심을 쏟습니다. 이 의사 저 의사를 쫓아 다니면서도 아무런 해결책을 얻지 못했던 하혈병 여인처럼, 그들은 여러 수련회를 쫓아 다니며 이 방법에서 저 방법으로 옮겨 다닙니다. 마침내 그 여인은 예수님에게 다다라 그분을 만졌고, 그분은 그를 치유하셨습니다(루카 8,43-48 참조). 관상은 예수님을 만집니다.

관상은 내가 행하는 것이 아니라, 주님께서 우리에게 베푸시는 것입니다. 관상은 나에게 내려주시는 성령의 선물입니다. 나는 관상의 은총을 받아들이고 그 은총 안에서 성장하도록 자신을 준비할 수 있습니다. 하지만 이러한 마음의 준비마저도 주님에게서 오는 은총입니다. 어떠한 기법도 관상을 이루어 주거나 달성시켜 주지 못합니다.

관상의 은혜를 받아들이고 그 안에서 성장하도록 마음을 준비하는 방법은 관상 그 자체를 찾아 애쓰고 그리워하며 노력해서 구하는 것이 결코 아닙니다. 그 방법은 바로 예수님을 찾아 애쓰고 그리워하며 노력해서 구하는 것입니다. 예수님은 바로 당신의 때와 방법으로 관상의 넘치는 은혜를 통해 당신 자신을 나에게 주십니다.

그리스도교의 관상기도는 결코 기법이 아닙니다. 그것은 예수 그리스도 안에서 나를 위하시며 나에게 나타나시는 하느님과 지금 여기서 맺는 상호 인격적 관계입니다. 관상기도는 좌선을 비롯한 갖가지 불교 명상법, 요가라든가 초월명상 등의 명상법과 바탕부터 다릅니다. 왜냐하면 그리스도교의 관상은 주님이라는 한 인격에 집중하기 때문입니다. 그것은 근본적으로 사랑의 관계입니다.

향심기도

소위 말하는 '향심기도'(centering prayer)는 바로 이 점에서 주문을 외는 형태로 된 여타의 기도와 다릅니다. 하나의 말마디나 구절을 되풀이하여 외우며 드리는 기도는 결코 상호 인격적일 수 없습니다. 향심기도에서는 예수님의 이름 같은 말마디나 구절에 집중하지 않고, 바로 그 말마디나 구절을 통해 그분께 집중합니다. 예수님의 이름을 입술뿐 아니라 마음속에서 고요하게 천천히 되풀이하여 외우면서, 내 마음에서 말씀하시며 머물러 계신 그분께 집중합니다.

나는 '예수 기도' 곧 '순례자의 기도'를 드릴 수 있습니다. 마음속에서 "주 예수 그리스도님, 이 죄인을 불쌍히 여기소서"라는 말마디를 끊임없이 되풀이하여 외웁니다. 하지만 여기에서 중심이 되는 것은 주님이신 예수 그리스도이지 결코 그 방법이 아닙니다. 마음속으로 예수님의 이름을 되풀이하여 외우는 것은 확실히 좋은 기도 방법입니다. 이러한 기도는 우리를 참된 관상으로 이끌어 줍니다. 하지만 관상 자체는 예수 그리스도와 신비스럽고 개념 없이 서로 만나는 것이기에 그분께서 내려 주시는 선물일 따름입니다. 그래서 내가 그저 받을 수 있는 것이지, 어떤 기술로 성취하거나 공로로 얻는 것이 결코 아닙니다.

관상과 신령한 언어의 은사

어째서 그렇게도 많은 사람이 성령 세례를 통해 기도하는 가운데 주님과의 전폭적이고도 새로운 관계를 발견하게 될까요? 어째서 그렇게도 많은 사람이 성령쇄신운동을 통해, 특히 성령 세례와 신령한 언어의 은사를 통해 처음으로 참다운 관상기도 속으로, 더 깊고 새로운 관상 속으로 이끌려 가게 될까요? 성령 쇄신의 놀라운 은혜는 바로 개인기도를 통해 예수 그리스도와 새로운 인격적 관계를 맺게 되면서 관상기도 속으로 이끌리는 은혜인 듯합니다. 그 이유가 무엇일까요?

물론 성령 세례는 은총과 은혜가 넘쳐 흐르도록 하는 놀라운 은혜입니다. 그리고 신령한 언어로 기도하는 은사는 그 자체가 관상기도의 은혜입니다. 신령한 언어로 기도하는 은사를 받는 것은 곧 관상기도의 은혜를 받는 것입니다. 분명히 이것은 우리의 개인기도를 더 깊고 고요한 관상기도로 이끌어 줄 수 있습니다.

여러 차례 영성지도를 하면서, 나는 바로 이 신령한 언어의 은사가 더 깊은 관상기도로 이끄는 데 가장 큰 도움을 주는 은혜임을 알게 되었습니다. 신령한 언어의 은사가 곧 관상의 한 형태이기 때문입니다. 조용히 관상하면서 신앙의 눈으로 주님을 그저 바라봅니다. 거기에는 어떠한 관념이나 명상하려는 노력이 없습니다. 조용한 관상기도는 그저 사랑의 눈으로 주님을 바라보는 비개념적 기도입니다.

신령한 언어로 하는 기도 역시 아무런 생각 없이 주님을 바라보는 비개념적 기도입니다. 내가 신령한 언어로 말하거나 노래를 부를 때, 대부분의 경우 내가 어떤 언어를 말하거나 노래를 부르는 것이 아닙니다. 신령한 언어를 녹음해서 분석해 보면, 거기에서 한 언어가 갖는 논리적 체계나 구조를 결코 찾아낼 수 없습니다. 신령한 언어로 기도할 때 나는 흥얼거리는 것입니다. 언어학으로 볼 때 나는 뜻도 없는 말을 횡설수설할 따름입니다. 그것이 개념을 나타내는 말이었다 할지라도, 그 의미는 소리에 있지 않습니다. 신령한 언어로 하는 기도가 비개념적 기도이기에, 그 의미는 마음에 담겨 있습니다. 소리는 말이 아니기에 아무런 개념적 의미도 갖지 않습니다. 그것은 그저 의미 없는 소리일 뿐입니다.

신령한 언어로 하는 기도는 비개념적 기도를 소리로 내는 것입니다. 그것은 소리 내는 관상기도입니다.

신령한 언어로 하는 기도는 묵주기도와 유사한 면이 있는데, 둘 다 말하면서 예수님 생애의 신비를 관상하기 때문입니다. 묵주기도를 바치면서 여러 신비를 '묵상'하는데, 실제로는 생애의 여러 신비 속에서 그분과 그분의 어머님을 바라보며 관상하는 것입니다. 나는 말하고 있지만, 그 말의 의미에 주의를 기울이지 않습니다. 나의 관심은 내가 하는 말에 있지 않고 내가 바라보는 주님께 있습니다. 그 말은 그저 소리일 뿐입니다. 신령한 언어로 하는 기도도 마찬가지입니다. 내가 바라보고 관상하는 주님께 집중해 있기 때문에, 나는 내가 말하거나 노래하는 의미 없는 소리에 주의를 기울이지 않습니다.

이 은사를 받은 많은 사람이 개인기도 중에 신령한 언어의 기도를 30초 혹은 몇 분간 짧게 합니다. 이렇게 하여 그들은 의식적으로 주님의 현존 속으로 들어가게 되고, 쉽게 관상기도에 잠겨 조용히 머물게 됩니다.

신령한 언어의 은사를 주로 사용하는 곳은, 많은 이가 생각하듯이 기도 모임이나 성령 쇄신 모임이 아닙니다. 바로 개인 기도입니다(1코린 14,2-4 참조). 나는 성령쇄신운동과 아무런 연관도 없고 그러한 모임에 불렸다고 결코 생각하지 않으면서도 규칙적으로 신령한 언어로 개인 기도를 드리는 사람들을 알고 있습니다. 신령한 언어의 은사는 성령쇄신운동을 하는 사람뿐 아니라 모든 사람을 위한 것입니다.

그러면 신령한 언어의 은사를 받기 위해 성령 세례를 위한 기도부터 먼저 해야 할 필요가 있을까요? 그렇지 않습니다. 몇몇 오순절 교회에서는 신령한 언어의 은사를 받으려면 성령 세례가 반드시 필요하다고 주장합니다. 가톨릭교회의 입장은 그렇지 않습니다. 신령한 언어의 은사에는 어떤 선결 조건도 달려 있지 않습니다. "청하여라, 너희에게 주실 것이다"(루카 11,9).

물론 대부분의 개신교 오순절 운동이나 가톨릭 성령쇄신 운동에서 신령한 언어의 은사는 일종의 문화적 표시가 되고, 그 집단의 신원을 밝히는 방식이며 소속감의 사회적 표지가 됩니다. 이것을 결코 나쁘다고 할 수는 없습니다. 신령한 언어로 하는 기도는 겸손과 내적 자유를 포함하고 있어서, 자신이 말하는 것을 조정하지 않고 그냥 내버려 두어 자신의 존재 핵심에서 소리가 흘러나오도록 합니다. 또 이 기도는 세상 사람들의 눈앞에서 우스꽝스러운 소리를 내어 어리석게 보일 위험을 요구하므로, 존경받고자 하는 지나친 욕심에서 우리를 자유롭게 해 주기도 합니다. 또한 위신을 지키려고 그 안에 머물고자 하는 사람들에게서 성령쇄신운동을 지켜 주기도 합니다. 신령한 언어의 은사를 가지는 것은 결코 위신을 세워 주지 않습니다.

반면에 신령한 언어의 은사가 소속감의 사회적 표지에 그쳐서는 안 됩니다. 그것은 단순히 관상의 은사일 뿐입니다. 은사를 받기 위해 성령쇄신운동이나 그와 비슷한 모임에 속해야 할 필요는 없습니다. 그것은 성령쇄신운동이나 그 밖의 어떤 모임의 전유물이 아닙니다. 그 은사는 그리스도교에 속하기에 그리스도인이라면 누구나 받을 수 있습니다.

어떻게 하면 신령한 언어의 은사를 받을 수 있는가?

신령한 언어의 은사가 성령쇄신운동이나 기도 모임, 혹은 성령 세례 등과 본질적으로 연결되어 있는 것이 아니고, 또 개인기도를 도와 주님을 더 깊이 관상하도록 이끈다면, 당신도 아마 그것을 받고 싶을 것입니다. 그것을 어떻게 얻을 수 있을까요? 그것은 어떤 기법에 의해서 얻어지는 것이 아닙니다. 그렇다면 어떻게 신령한 언어의 은사를 받을 수 있을까요? 은총을 베푸시는 하느님께 청해야 합니다.

당신의 방이나 당신이 혼자 있을 수 있는 곳으로 가서 무릎을 꿇고 신령한 언어의 은사를 주십사 하고 주님께 청하십시오. 그리고 그분과 그분의 선하심을 굳게 신뢰하면서 신앙의 눈으로 그분을 바라보십시오. 당신의 입을 열어 노래를 부르거나, 아무 의미 없는 말마디로 그분께 말하십시오. 마치 아직 말을 배우지 못한 어린이의 옹알이와 같을 것입니다. 이를 자연스럽게 내맡기십시오. 만약 당신이 주님께 이상한 말소리를 내고 있음을 발견하게 된다면, 당신은 기도를 하고 있는 것이고, 그것이 신령한 언어의 은사입니다. 당신이 혹시 느낄지 모르는 불편한 마음은 당신의 자존심이 상처받고 있다는 것입니다. 그렇지만 당신은 그것을 극복할 수 있습니다.

그 후에 주님께서 주신 새로운 관상의 선물에 대하여 감사를 드리십시오.

기도

주 예수님, 당신께서 과거에 베풀어 주셨고
또 앞으로 베풀어 주실
모든 기도의 은사에 대해서 감사드립니다.
당신께서 베푸신 기도의 선물을 받아들입니다.
저는 당신께서 주고자 하시는 어떠한 은사도
거절하고 싶지 않습니다. 저의 마음을 열게 도와주시어
제가 받은 은사를 더욱 풍성하게 하시고,
지금 제게 베풀어 주실 새로운 은총도
기꺼이 받을 수 있게 해 주십시오.
당신께 애착하고 당신께 매달리며
다른 어떠한 은사보다도 그것을 주시는 당신께
더 마음을 두게 해 주십시오.
저로 하여금 당신께서 기도 중에
혹 어둠이나 무미건조함에 저를 내맡기실 때
그 인도하심을 거역하지 않게 도와주십시오.
당신 사랑의 빛이 저의 기도를 비추실 때나
어둠 속에 있을 때라도,
당신과 함께 평화 중에 고요히 머무를 수 있는 은총을 주십시오.

위로의 정원을 거닐 때나 사막을 지날 때라도 당신과 함께
기도 중에 걷는 법을 가르쳐 주십시오.
주님, 제 안에서 관상의 은총이 더욱 커지도록 허락해 주십시오.
항상 당신께 제 마음의 눈을 두게 해 주십시오.
성모 마리아의 전구를 통하여 당신께 간구합니다.
아멘.

제4장

예수님의 생애 신비를 관상함

관상이란 사랑 가득한 눈으로 주님을 바라보는 것입니다. 우리는 예수님의 지상 생애를 통해 그분을 바라볼 수 있습니다. 복음서가 그분의 삶과 죽음, 부활을 묘사하고 있으므로, 복음서를 읽으며 그분이 말씀하시고 일하시고 여러 가지 사건을 겪으시는 모습을 관상할 수 있습니다.

이냐시오식 관상

성 이냐시오 데 로욜라는 《영신수련》에서 생애의 여러 신비 사적을 통해 예수님을 바라보는 방법을 제시합니다. 여기에서 '생애의 신비 사적'이란 예수님의 인생에 얽힌 각종 사건을 가리킵니다. 이냐시오 성인은 존경심을 지니고 하느님의 현존에 감사를 드린 다음, 본격적으로 관상기도를 시작하기 전에 해야 할 세 가지 길잡이를 제시합니다.

첫째 길잡이는 복음서를 읽는 것입니다. 예를 들어 그 날의 복음을 천천히 읽는 것입니다. 둘째 길잡이는 성경을 덮고 읽은 복음의 상황을 상상하면서, 예수님과 주변 사람들이 말하고 행동하는 것과 주위 환경을(실내이거나 실외이거나) 상상 속에서 그려 보는 것입니다. 셋째 길잡이는 원하는 은혜를 구하는 것입니다. 곧 예수님을 더 많이 사랑하고 더 가까이 따르기 위해서, 그분을 더 깊이 알게 되는 은혜를 청하는 것입니다. 이러한 행위들은 모두 몇 분 사이에 이루어지며, 선택한 복음 대목을 관상하는 데 도움을 줍니다.

문제는 '이제 무엇을 할 것인가?'입니다. 길잡이가 지시한 대로 다 마치고 모든 것이 준비된 다음, 무엇을 해야 합니까? 이미 복음서 구절을 어떻게 묵상하는지를 배운 사람이 꽤 있습니다. 나는 내가 읽고 길잡이에서 상상한 것에 대해 생각하면서 일련의 질문을 자신에게 던지도록 배웠습니다. '누가 거기에 있는가? 그들은 무엇을 하고 있는가? 그들은 무슨 말을 하고 있는가? 누구에게? 왜? 언제? 어디로?'

그리고 다음과 같은 질문을 던져 방금 읽은 복음서의 내용을 자신의 삶에 적용하는 방법을 배울 수 있습니다. '이것은 나에게 무엇을 말해 주는가? 지금의 나에게 어떻게 적용해야 할 것인가?' 이때 주님에 의해서나 독서 또는 지침을 통해 단순한 사변적 묵상에서 감성적 기도로 이끌릴 수 있습니다. 즉 예수님과 복음서의 내용에 대해 대화하면서, 이 말씀이 지금의 나에게 어떠한 의미를 주고 어떻게 내 삶에 적용할 수 있는지 '그분께' 여쭈어 보는 것입니다. 부활하시어 지금 나와 함께 머무르시며 사랑해 주시는 주님께 읽고 상상한 것을 말씀드립니다. 이처럼 주님께 말씀드릴 때 간혹 신앙, 희망, 신뢰, 사랑, 또는 죄에 대한 슬픔 등을 체험할 수 있습니다.

　이것은 그 자체로 좋은 기도 방법입니다. 하지만 이것이 이냐시오 로욜라가 《영신수련》에서 제시하는 '예수의 생애 신비 사적을 기도하는 방법'을 모두 대변하지는 않습니다. 이냐시오는 그리스도의 삶을 관상하는 방법을 제시하면서도, 고정된 하나의 방법만 고집하지 않고 오히려 관상하는 사람의 개인적 특성을 융통성 있게 활용하도록 배려합니다. 즉 이냐시오는 '관상'이라는 용어를 넓은 의미로 사용합니다. 이것은 묵상이나 자신의 말로 드리는 기도, 또는 감성적 기도를 의미하기도 하고, 엄밀한 의미에서 관상을 뜻하기도 합니다. 예를 들어 성전에서 봉헌되는 아기 예수님의 모습을 묵상할 수 있습니다. 거기에 등장하는 인물, 행동, 장소, 대화 등을 상상하면서 영적 이익을 거두어들이고, 나의 언어로 주님께 담화를 드리면서 묵상을 마칠 수 있습니다. 혹은 예를 들어, 그분을 더 많이 사랑하고 더 가까이 따르기 위해 더 깊은 인식을 구하는 셋째 길잡이를 반복하면서 묵상을 마칠 수도 있습니다. 이렇게 하여 이냐시오가 《영신수련》에서 제시하는 방법에 충실할 수 있습니다.

이와 달리 같은 이냐시오의 가르침을 따르면서도 복음서의 같은 장면, 예컨대 성전 봉헌 이야기를 전혀 다른 방식으로 기도할 수 있습니다. 즉 예수님의 삶을 '관상'할 때 엄밀한 관상적 관점에서 접근할 수 있습니다. 이 장에서 내가 원하는 것은 그분 생애의 신비 안에서 예수님을 관상하는 엄격한 의미의 관상입니다. 이제부터 내가 말하는 관상은 선물을 의미합니다. 그것은 하느님께서 베푸시는 특별한 은총으로서, 어떠한 말이나 개념도 필요 없이 단지 믿음과 희망과 사랑이 가득한 눈으로 주님을 바라보는 것입니다.

관상의 은총

어떤 사람은 주님과 함께 조용히 보내기 위한 기도 시간에 오히려 묵상을 한답시고 복음서의 한 대목을 선택해 '바쁘게' 기도하면서, 왜 자신의 기도가 무미건조하고 산란하고 만족스럽지 못한가 하고 의아해합니다. 그 이유는 대체로 다음과 같습니다. 그 사람은 이미 오래 전에 사변적 기도를 지나 묵상의 단계를 넘었습니다. 주님께서 그를 단순하게 기도하는 관상으로 이끌어 주셨기 때문입니다. 하지만 그 사람은 자기가 배워 온 방법으로 계속 기도하려 합니다. 주님께서 그에게 관상기도를 할 수 있는 은혜를 주셨는데도 마르타처럼 여러 가지로 바쁜 양상의 기도, 즉 성찰하고 응용하고 의지를 활용해서 이러저러한 활동을 하는 양식의 기도를 고집합니다. 그것은 느린 왈츠를 추는 상대를 대상으로 빠른 룸바를 추려 드는 격과 같습니다. 사실 기도는 춤추는 것과 유사합니다. 그것을 이끄시는 분은 하느님이십니다. 내가 그분의 인도를 따르지 않는다면, 나는 불만족과 무미건조함이라는 사막에서 홀로 춤을 추려는 것과 같습니다.

그렇다면 어떻게 관상적 방법으로 복음서에 접근할 수 있을까요? 그분 생애의 신비를 통해 어떻게 예수님을 관상할 수 있을까요? 어떻게 주님께서 나에게 베푸시는 관상의 은혜와 협력하고, 그 안에서 자신이 무엇을 해야 하는지 현명하게 이해하면서 협력할 수 있을까요?

예수님의 삶과 죽음, 부활에 대한 관상적 접근

제 생각에 이냐시오 성인의 세 길잡이는 복음서에 나오는 주님을 관상하는 데 도움을 주는 매우 중요한 가르침입니다. 더욱 중요하다고 생각하는 것은 기도를 시작하면서 하느님 현존의 은혜를 청하는 일입니다. 많은 사람이 몇 초 혹은 몇 분 동안 신령한 언어로 기도하면서 기도를 시작합니다. 상황에 따라 밖으로 소리를 내거나 속으로 할 수도 있습니다. 이러한 방법으로 즉시 주님 가까이에 가 그분을 만날 수 있습니다. 그런 다음 세 가지 길잡이를 따르면서, (예를 들어 그날의 복음이나) 성경 대목을 읽고, 애써 힘들이지 않고 자연스럽게 그 성경의 장면을 간단히 상상해 보면서, 예수님께 내가 원하는 것을 구합니다. '주님을 더 깊이 아는 것', 그래서 그분을 더 많이 사랑하고 더 가까이 따를 수 있는 은혜를 구하는 것입니다.

이제 이 장의 앞부분에서 제기한 문제로 되돌아가 봅시다. 길잡이대로 한 다음 모든 것이 다 준비되었으면, 이제 무엇을 해야 하는가? 관상기도의 핵심은 아무것도 하지 않는 것입니다. 그저 주님을 바라보면서 그분이 원하는 일을 하시도록 내버려 두고, 지금 이 순간 그분이 사랑하고자 하는 방법으로 나를 사랑하시도록 그분을 바라보는 것입니다. 바로 이 순간 마냥 침묵하시거나 나에게 무엇인가를 보여 주셔서, 혹은 나에게 그저 당신의 현존을 의식시켜 주시는 식으로 나를 사랑하시는 그분을 바라보는 것입니다. 복음서에서 주님을 관상하는 핵심 열쇠는 그분이 말씀하셨고 행하셨던 바를 내가 기억하는 것이 아니라, 바로 '예수님이 지금 기억하신다'는 사실입니다.

예수님은 지금 기억하시며, 나를 당신의 기억 속으로 이끌어 가기 위해 내 기도 안에서 나와 함께 머무르시고 되살아나십니다. 그래서 나로 하여금 복음서 본문이 서술하는 당신의 그 기억을 나누어 갖게 해 주십니다. 상상력을 사용하는 것은 바로 그것이 현실이기 때문입니다. 예수님은 나를 당신의 옆구리에 난 상처 속으로, 당신의 가슴으로 이끌어 주십니다. 부활하신 주님은 영광스럽게 된 당신 몸에 아직도 십자가와 죽음의 다섯 상처를 간직하고 계십니다. 그래서 바로 그 상처들도 영광스럽게 되었습니다. 주님은 나를 당신의 가슴속으로 곧장 이끄시고, 복음서의 특정 구절 안에 들어 있다가 지금 이 순간 당신의 가슴에 담겨 있는 그 기억을 나와 함께 나누십니다. 내가 거기에 머물면, 그분은 손수 말씀하셨고, 행하셨고, 이해하셨던 당신 기억의 본질 속으로 조용히 그리고 부드럽게 나를 이끌어 가실 것입니다. 예수님은 복음서의 가장 깊은 의미를 담고 있는 당신의 가슴속에 머물도록 나를 이끌어 주실 것입니다.

향심기도를 이용해 매우 천천히 반복해서 "예수님, … 예수님, … 예수님" 하고 그분의 이름을 내 마음속에서 반복할 수 있습니다. 나는 순수한 신앙의 눈으로 그 사건을 관상하거나 볼 수 있지만, 희미하고 불분명하며 모호할 것입니다. 혹시 주님께서 나의 상상력을 뒤바꾸어 당신을 향하도록 해 주시고, 그 장면을 상상하면서 거기에서 일어난 사건을 알아듣도록 하실 수도 있습니다. 이것은 외적 감각의 문제가 아니라, 신비를 내적으로 맛보게 해 주는 내적 감각의 문제입니다.

주님께서 나를 관상 속으로 이끄시기로 선택하셨다면, 나는 마땅히 조용하게 그분의 인도하심에 나를 맡겨야 할 것입니다. 혹시 아무 일도 일어나지 않는 것처럼 보일지라도, 그분은 여기에 나와 함께 계시며, 바로 이 사실이 중요합니다.

관상과 묵주기도

묵주기도도 관상기도라고 할 수 있을까?

 묵주기도를 드리면서, 자신이 드리는 기도문의 말마디를 생각할 필요는 없습니다. 드리는 기도문을 생각하지 않고, 그 기도문의 의미를 이성적으로 생각하지 않으면서도 자동으로 반복해서 그 기도를 바칠 수 있습니다. 내 손은 묵주알을 굴리고 내 입은 기도문을 외고 있지만, 내 마음은 어느 특정한 신비에 가 있습니다. 예를 들어 환희의 신비 제4단을 바치고 있다고 합시다. 그러면 나는 성전에서 봉헌되는 예수님의 신비를 기도하고 있는 것입니다. 기도문을 외우고 있지만, 나는 예수님의 어머니와 함께 신앙과 사랑의 눈으로 성전에서 그분이 봉헌되는 신비 속에서 아기 예수님을 바라보고 있습니다.

 하지만 이런 것이 진정한 관상기도일까요? 분명히 그렇습니다. 적어도 다음과 같이 말할 수 있습니다. 묵주기도를 드리면서 다양한 신비 안에서 예수님을 바라보는 것은 주입

注入(infused) 관상의 은총을 받도록 우리를 준비시키는 좋은 방법입니다. 주입 관상이란 오직 하느님만이 베푸시는 관상의 은총입니다. 많은 사람이 묵주기도를 바치면서 관상기도에 잠기는 것은 분명합니다. 때로는 이들이 미사에 참여하지 못하거나 묵주기도 말고 다른 어떠한 기도 방법을 전혀 배우지 못한 사람들이라 하더라도, 주님께서는 당신의 특별한 은총으로 그들을 이끌어 깊은 관상기도 속으로 데려가실 것입니다.

기도

주 예수님, 저에게 기도하는 법을 가르쳐 주십시오.
말을 많이 하기보다
마음으로 기도하는 법을 가르쳐 주십시오.
사랑을 통해 당신을 알 수 있도록 사랑의 성령을 주시어,
당신을 더 깊이 알고 당신을 더욱 사랑하며
더 가까이 따를 수 있도록 해 주십시오.
빛의 성령께서 주시는 은총으로 저를 채우시어,
신앙의 눈으로 당신의 얼굴을 뵙게 해 주십시오.
성령의 힘을 제 마음에 쏟으시어,
평화 중에 당신과 함께 머물 수 있도록 하시고,
사랑 안에서 당신을 관상하고, 신앙의 어둠 속에서도
당신을 알 수 있도록 도와주십시오.
주님, 당신께서는 저를 속속들이 아십니다.
제가 앉거나 서거나 당신께서는 아시고
제 생각을 멀리서도 알아채십니다.
제가 길을 가도 누워 있어도 당신께서는 헤아리시고
당신께는 저의 모든 길이 익숙합니다.
정녕 말이 제 혀에 오르기도 전에 주님,
이미 당신께서는 모두 아십니다.

뒤에서도 앞에서도 저를 에워싸시고
제 위에 당신 손을 얹으십니다.
당신의 예지가 너무나 신비하고 높아
저로서는 어찌할 수 없습니다.
당신 얼을 피해 어디로 가겠습니까?
당신 얼굴 피해 어디로 달아나겠습니까?(시편 139,1-7)

주님, 저와 함께 여기에 계시면서,
저에게 기도하는 법을 가르쳐 주십시오.
당신께서는 저를 속속들이 아시고, 저를 사랑하시며,
저를 온전히 받아들여, 당신께 인도해 주십니다.
저에 대한 당신의 지혜와 사랑을 진지하게 받아들이도록
이끌어 주십시오.
당신을 알고, 당신을 사랑하며,
당신께 응답하는 방법을 제게 가르쳐 주십시오.
그리고 기도하는 법을 가르쳐 주십시오.
성모 마리아의 전구를 통해 당신께 청합니다.
아멘.

제5장

내 삶 속에 현존하시는 예수님을 관상함

예수님은 이 세상에 오셔서 죽으셨고 죽은 이들 가운데 부활하셨으며, 하늘에 올라 성부 오른편에 앉으셨을 뿐 아니라, 새로운 방식으로 곧 주님으로 이 세상에 현존해 계십니다.

사도 바오로는 에페소 신자들(1-3장)과 콜로새 신자들(1-2장)에게 보낸 서간에서, 세상 사람과 사물을 비롯한 모든 것의 주권을 지니신 예수님의 권위를 묘사하고 있습니다. 예수님은 우주적 권위를 지니셨기에 만물의 주님이 되셨고, "하늘과 땅 위와 땅 아래에 있는 자들이 다 무릎을 꿇고 예수 그리스도는 주님이시라고 모두 고백하며 하느님 아버지께 영광을 드리게 하셨습니다"(필리 2,10-11). 예수님은 모든 이름 위에 뛰어난 "주님"이라는 이름을 지니셨습니다(필리 2,9

참조). 그렇다고 해서 그분의 주권이 한낱 명칭에 불과하거나 법적 의미에서 그런 것도 아닙니다. 그분의 주권은 살아 있고, 실제적이며, 효과 있고, 역동적입니다. "그분께서는 만물에 앞서 계시고 만물은 그분 안에서 존속합니다"(콜로 1,17). 그분은 머릿돌로 우뚝 서 계시고, 부활하셨으며, 모든 것이 그분 안에서 그분으로 말미암아 존속하고, 그분을 기초로 하고 있습니다. 그분은 주님이십니다.

예수님 안에서 우리에게 드러난 성부의 계획은 유일한 머리이신 예수님 아래에서 모든 것이 화해하고 일치하는 것입니다. 예수님 아래에서 모든 것이 통합되어 일치를 이루도록 하느님께서 의도하셨으며, 그것이 바로 역사의 의미입니다.

이 세상을 향해 행사하시는 예수님의 주권은 그대로 나에게도 해당합니다. 예수님이 나의 주님이십니다. 나는 그분 안에서 존속합니다. 성부의 계획은 나를 포함한 내 삶의 모든 것이 예수님 안에서 일치를 이루고, 예수님을 머리로 하여 내 삶의 모든 것이 그분 아래에서 화해를 이루고 통합되는 것입니다. 예수님을 내 삶의 주님으로 관상하여 나의 삶 전부가 그분께 집중되고 그분 안에 머물 수 있도록, 나는 나를 위한 성부의 계획에 협력할 수 있습니다.

관상과 삶의 통합

나를 위한 예수님의 계획도 성부의 계획과 마찬가지로, 사랑 안에서 나를 당신과 온전히 일치시키는 것입니다. 관상기도를 하는 것이 나를 위한 예수님의 계획에 협력하는 중요한 방법일 수 있습니다. 나 자신과 내 삶에 담긴 모든 것, 모든 사람을 그분의 손 안에 단순하게 놓음으로써 그분께 협력할 수 있습니다. 기도하는 동안에 어떤 것이 나를 끌어당긴다 할지라도, 나는 그저 모든 것을 예수님의 주권 아래, 그분의 손 안에 놓고 맡길 수 있습니다.

기도 중의 분심이 바로 여기에서 특별한 중요성을 가집니다. 마음속에 분심으로 떠오른 것이 무엇이든, 내가 염려하는 사람이거나 나에게 상처를 준 사람, 또는 내가 하는 일이나 미래에 대한 걱정이든, 이 모든 것은 어떤 식으로든 내 삶의 무질서한 애착을 드러냅니다. 아직 주님의 주권 아래 완전히 놓이지 못했고 주님과의 관계에 완전히 통합되지 못한 어떤 관계(사랑이나 후회, 또는 내일이나 미래)를 나타냅니다. 분심거리로 나타나는 그 관계가 점차 주님과의 관계 속으로 들어와 통합된다면, 다시는 더 분심으로 남아 있지 않을 것입니다. 혹시 그것이 기도 중에 나를 주님에게서 멀리 떼어 놓는다면, 틀림없이 내 삶에서도 나를 주님과 멀리 떼어 놓을 것입니다. 내 삶의 일부는 그분의 주권 밖에 있게 됩니다.

그것에 대해 무엇을 할 수 있습니까? 그 분심의 내용을 예수님의 주권 아래, 그분의 손 안에 놓고, 내 삶이 모두 당신에게 집중하도록 이끄시는 그분의 일에 협력할 수 있습니다. 그런 다음 그것에 대해 생각하거나 고민하며 거기에 머무르지 말고, 그저 조용하게 그분과 함께 있으면서 그분을 바라보며 관상하면 됩니다.

내 삶 속의 예수님을 내 삶의 주님으로, 내 관심의 중심으로, 내 존재와 내 삶과 그분 손 안에 담겨 있는 내 삶의 모든 것을 존속시키시는 분으로 관상합니다. 내 마음을 잡아끌던 것은 이제 주님의 손에서 안전하게 머물게 됩니다.

예수님은 내 현재의 주님이실 뿐 아니라, 내 미래의 주님이십니다. 그분은 역사의 주님이시기에 내 미래를 포함한 내 개인적 역사의 주님이십니다. 미래에 대한 걱정이 내 기도 중에 분심거리로 떠올랐지만, 이제 그것은 관상 가운데 예수님을 희망의 눈으로 바라보며 그분을 신뢰할 수 있는 기회로 바뀝니다. 그분은 기도 속에서 나와 함께 희망의 기반으로 서 계십니다. 그분은 내 미래의 반석이십니다. 미래가 어떠할지 결코 알 수 없지만, 나는 그분이 내 미래를 잡아 주실 것을 분명히 알고 있습니다. 그분은 나에게 가려진 미래마저도 완전히 알고 계십니다. 그분은 내 미래까지 당신 안에서 지금 내 앞에 현존하게 하십니다. 비록 그것이 어둡고 가려졌지만 말입니다. 그분이야말로 나의 미래이며 내 미래를 존속시키시는 분이기에, 그분 안에서 그 미래를 희망할 수 있습니다.

관상 속에서 나의 모든 걱정, 선입견, 좋고 나쁜 느낌을 주님 앞에 내놓으면, 그분은 내 관상을 통해서 또 나를 향한 당신의 사랑 안에서 내 삶에서 어긋나 있고 해진 것을 다시 모아들여 조용히 엮으시고, 당신에 대한 사랑 안에 나를 집중시켜 나를 통합해 주십니다.

"주 예수님, 저를 당신께 드립니다. 저의 모든 문제, 걱정, 느낌, 제 생각, 제 모든 계획을 당신께 맡겨 드립니다. 제 삶의 중심이 되어 주십시오. 저는 당신을 원하고 제 삶의 우선순위에서 첫째가 되시고 제 중심이 되시도록 당신을 선택합니다. 당신을 주님으로, 저의 주님이요 제 삶의 주님으로 택합니다."

"저에게 기도하는 법을 가르쳐 주십시오. 저에게 당신의 평화를 주십시오. 저에게서 벗어나 당신을 온전히 신뢰하며 제 삶을 전부 내맡길 때 오는 평화를 주십시오. 저에게 관상

의 은총을 주시고, 당신 안에서 조용히 머물 수 있는 은혜를
주십시오. 아멘."

관상과 기억의 치유

예수님은 역사의 주님으로 과거와 현재와 미래의 주인이십
니다. 또 내 개인 역사의 주님으로서 현재와 미래뿐 아니라
과거의 주인이십니다. 성부께서는 천지 창조 이전에 이미 예
수님 안에서 나를 뽑으시어(에페 1,4 참조), 예수님의 영광을
찬미하며 살도록 미리 정하고 택하셨습니다(에페 1,12 참조).
하느님께서는 내가 태어나기도 전에, 어머니의 배 속에서 내
가 잉태되기 전에 이미 나를 택하셨습니다. 예수님은 나와
함께 계셨으며, 그분이 나를 택하셨기에 내가 잉태되고 태
어나 존재하는 첫 순간부터 나는 그분 안에 있었습니다. 그
분은 나와 함께 계시면서, 내 삶의 여정 중에 사랑으로 나
를 돌보아 주십니다. 그분은 내 삶의 모든 순간에, 나의 온
갖 기쁨과 슬픔, 고통과 상처, 내가 자라고 얻고 잃는 모든
것을 나와 함께 나누십니다.

　내 삶을 뒤돌아보며 나의 과거 삶 속에서 그분을 바라볼

수 있습니다. 설령 내가 의식하지 못했다 하더라도 그분은 거기에 계셨습니다. 과거를 회상하면서 주님께서 내 기억 속에 들어오시도록 청할 수 있습니다. 이렇게 청하는 것이 중요한 이유는, 내가 겪는 어려움과 기도에서 나의 성장을 방해하는 장애물의 대부분이 상처받고 고통당한 과거의 기억에 뿌리를 두고 있기 때문입니다. 예수님은 내 기억을 치유하시면서 그 장애물들을 없애실 수 있습니다.

그래서 나는 과거의 기억 속에서 예수님을 관상함으로써 내면을 치유받게 되고, 영적으로 성장할 수 있게 됩니다. 우리는 모두 상처받은 사람입니다. 어렸을 때나 사춘기에, 혹은 수도자로 양성되던 시기나 그 후에도 많은 상처를 받았습니다. 우리는 상처들을 기억합니다. 어떤 상처는 아직까지 내 내면에 남아 있습니다. 나는 그 상처의 아픔 속에서 자랐고, 그 상처가 치유되었다고 생각하지만, 그렇지 않을 수도 있습니다.

혹시 과거에 나에게 상처를 준 그 사람을 아직 완전히 용서하지 못하고 있는지도 모릅니다. 아버지가 지독히 엄격해서 또는 술을 너무 마셨거나 내가 아닌 다른 모습의 자식을 원하였기에 아직도 용서하지 못할 수도 있습니다. 어머니가 너무 이기적이었거나 신경질적이어서 아직도 그분을 용서하지 못하고 있는지도 모릅니다. 혹은 과거에 나에게 상처를 입혔던 상황이나 사건에 대한 기억이 아직도 나에게 고통을 주고, 두려움이나 분노나 후회 같은 느낌을 불러일으키며, 때로는 외로움이나 모욕감 아니면 거부당한 느낌을 갖게 하기도 합니다.

이것을 도대체 어떻게 해야 합니까?

이러한 고통스러운 기억 속으로 주님께서 오시도록 초대할 수 있습니다. 상상력을 사용해서, 마음속에서 과거의 상황을 그려 보면서 장소와 사람과 벌어진 일을 재구성할 수 있습니다. 그리고 예수님이 그 상황 속에서 나와 함께 머무르시는 모습을 상상할 수 있습니다. 그분이 거기에서 무엇을 하시고 무슨 말씀을 하시는지 바라보며 그분을 관상할 수 있습니다. 그분께 상처 입은 나의 기억을 보여 드리며 치유해 주시도록 맡기십시오. 예수님은 나의 아픈 기억을 치유하셔서 내가 온전히 치유되기를 원하십니다. 그것을 잊어버리게 해서 치유하시는 것이 아니라, 나를 힘들게 하는 슬픔이나 비탄, 상처, 분노, 후회 등의 부정적 요소를 그 기억에서 걸러 내어 나를 치유해 주십니다. 이렇게 해서 주님께서는 그 기억의 의미를 바꿔 주시고, 나로 하여금 내 삶의 부정적 측면을 포함한 모든 면에 대해서 당신께 감사드리고 찬미할 수 있도록 해 주십시다.

예를 들어 내가 아주 어렸을 때 어머니가 돌아가셨다고 해 봅시다. 나는 기도 중에, 예수님께 나를 어머니가 돌아가시는 그 순간으로 데려가 달라고 청할 수 있습니다. 그리고 그 순간을 다시 생생하게 되새기도록 도와 달라고 청하고, 어머니의 죽음에 대해 내가 어떻게 느꼈는지 떠올리게 해 달라고 청할 수 있습니다. 상상 속에서 내가 살던 집, 가족 한 사람 한 사람을 그때 그 모습으로 기억해 보고, 상상 속에서 그때의 내 모습을 그려 볼 수 있습니다.

한 예로, 어머니의 빈소에서 관 속에 누워 계신 어머니의 시신을 상상해 볼 수 있습니다. 그런 다음, 그 빈소에 들어오시도록 예수님께 청하고, 거기에 계시며 사랑의 눈으로 나를 바라보시는 주님을 관상하면서, 그분이 무엇을 어떻게 하시는지 바라봅니다. 그리고 그 아픈 기억을 치유해 주시도록 주님께 맡겨 드립니다.

용서는 기억의 치유에서 매우 중요한 역할을 합니다. 과거에 입은 상처의 대부분은 사람들에게 받은 것입니다. 무척 많은 상처가 부모님이거나 친한 친구처럼 내가 사랑한 사람에 의해서 생겼습니다. 그들 역시 완전하지 않았기에 때로는 아무것도 모른 채 나에게 상처를 입혔습니다. 나에게 상처 입힌 이를 내가 이미 용서했다고 생각하고 있을지 모르지만, 나는 끊임없이 일곱 번씩 일흔 번이라도 계속 용서해야 할 필요가 있습니다.

예를 들어 내가 어렸을 때 아버지가 술을 너무 많이 마셨거나 지나치게 엄격하셨고 또는 나를 너무 냉대하셨다고 생각했다면, 설사 내가 잘못 생각했다 할지라도 아버지께 반감과 분노를 지니는 것은 당연합니다. 그렇기에 그분을 지금 마음속에서 용서해 드려야 합니다. 아버지가 이미 돌아가셨어도, 아버지를 위해 기도드리고 용서한다고 말씀드릴 수 있습니다. 어떤 경우 용서하기가 정말 힘들 때가 있습니다. 하지만 주님께 용서의 은혜를 달라고 부탁할 수 있습니다.

용서하는 나의 행위 안에서 예수님을 관상할 수 있습니다. 나에게 상처를 입힌 사람의 당시 모습을 상상하면서, 상상 속에서 그를 팔로 감싸 안으며 "당신을 용서합니다" 하고 말할 수 있습니다. 그리고 우리 둘을 함께 팔로 감싸 안으시는 예수님을 바라보면서, 용서의 은혜를 주며 화해를 이루시는 그분을 관상할 수 있습니다.

또 고통스러운 상황과 사건을 되새겨 상상하면서 예수님을 관상할 수 있습니다. 거기에 계신 주님을 바라보면서 나를 사랑하시고, 그 기억 속으로 들어가 상처를 없애고 치유해 주시는 주님을 관상할 수 있습니다.

기도

주 예수님, 저의 과거 역사를 전부 당신께 바칩니다.
당신 홀로 저를 완전히 이해하고 계십니다.
당신께서는 저에게 일어났고,
제가 겪은 모든 일을, 지금의 저를 이루고 있는 모든 것을
알고 계십니다.
당신만이 저의 비밀과 참다운 이름이 쓰인 흰 돌을
지니고 계십니다(묵시 2,17 참조).
당신만이 제 신원의 비밀을 지니고 계시고,
제가 누구인지 알고 계십니다.
당신 홀로 저를 완전히 아시고
아무 조건 없이 완전히 저를 사랑해 주십니다.
당신께서 치유하시려는 기억들을 제 마음속에 떠올려 주십시오.
그것들을 하나하나 떠올려 보며,
그 아픈 기억 속에서 당신을 관상하도록 가르쳐 주십시오.
제 기억을 치유해 주시고, 고통을 준 상처를 치유해 주십시오.
저의 죄뿐 아니라 타인의 죄가 가져온 상처를 치유해 주십시오.
염려와 사랑과 존경을 제대로 보여 주지 못해서 생겨난 상처를
치유해 주십시오.
제 삶 전부를 당신의 손에 온전히 내맡기겠습니다. 아멘.

제6장

기도의 여정

기도에서 성장한다는 것은 곧 예수님이 나를 당신과 더 일치하도록 이끌어 주신다는 뜻입니다. 기도에서 발전한다는 것은 예수 그리스도와 맺은 더 깊은 사랑의 인격적 관계와 우정 안에서 성장한다는 말입니다. 기도 속에서 주님과 일치하는 성장 과정에는 일정한 꼴이 있는데, 시작과 가운데와 끝을 갖춘 어떤 길 또는 여정의 형태로 나타납니다. 그리스도교 신비 전통은 이 과정 속에서 특정한 양상을 발견했습니다. 일반적으로 그리스도교의 기도가 성장하는 여정은 고유한 특징을 지닌 어떤 곡선을 따라갑니다.

이 '성장 곡선' 혹은 기도의 여정은 대부분 복음서에 묘사된 예수님의 말씀이나 행적, 신앙의 진리, 내 삶에서 하느님이 갖는 의미 같은 그리스도교의 신앙 가르침을 지성으로 곰곰이 생각하는 기도의 형태로 시작합니다. 점차 이 '생각' 또는 사변적 기도는 감성적 기도로 바뀌면서, 믿음, 희망, 사랑, 죄에 대한 슬픔, 신뢰, 찬미 같은 의지의 행위로 주님께 머물게 됩니다. 주님께 말씀드린다는 맥락에서 이러한 행위는 시간이 흐르면서 점점 단순해져 말이 줄어들고, 주님을 사랑스러운 눈으로 바라보는 일이 늘어나면서 더 조용해지고 관상적으로 바뀌어 갑니다.

기도의 여정은 관상의 여러 단계를 거쳐 하느님과의 합일습—이라는 높은 단계에 이르게 됩니다. 하느님과의 관상적 합일에 이르는 이러한 성장 여정은 예수의 성녀 데레사와 십자가의 성 요한에 의해서 매우 잘 묘사되었습니다. 나는 앞으로 두 장에 걸쳐 그들의 가르침을 간단하게 요약해 설명하면서, 기도의 여정에서 무슨 일이 일어나는지 폭넓게 묘사해 보겠습니다.

예수의 성녀 데레사: 정원에 물을 대는 네 가지 방법

성녀 데레사는 자신의 자서전인 《천주 자비의 글》에서 기도를 네 단계로 나누어, 정원에 물을 대는 네 가지 방법과 비교하면서 설명합니다. 그 네 가지 방법이란 바로 물통으로 물을 길어 나르는 방법, 펌프로 물을 퍼올리는 방법, 냇물에서 물길을 터놓는 방법, 그리고 비가 내려 정원을 적시는 방법입니다.

기도의 초보자는 염경기도나 묵상기도를 하면서 기도 중에 많은 노력을 기울입니다. 때로는 분심에 시달리기도 하고, 기도 시간을 줄이거나 포기하고픈 유혹에 시달리면서 신앙으로 맞서 싸우기도 합니다. 이러한 것은 물통으로 물을 길어 나르는 것과 같습니다. 물은 위안으로서 주님과 순조롭고 편안하게 관계 맺는 것을 의미합니다. 첫 단계에서는 물통으로 물을 길어 나르는 것처럼 이성으로 생각해야 하고, 의지를 활용해서 이런저런 작업을 해야 합니다.

둘째 단계에서는 기도 중에 하는 작업이 줄어듭니다. 기도는 점차 단순하게 생각하는 양상으로 바뀌고, 때로는 그저 단순히 주님의 현존 앞에 머물게 됩니다. 이런 경우는 펌프로 물을 퍼올려 정원에 물을 대는 것과 같습니다.

셋째 양상의 물 대는 방법은 기도의 셋째 단계를 묘사하는데, 시내에서 물길을 터 정원에 물을 끌어들이는 방법입니다. 이 단계에서 기도는 보통으로 관상적입니다. 마음과 의지는 별로 할 것이 없습니다. 어떠한 작업도 필요치 않습니다. 왜냐하면 물이 저절로 정원에 흘러 들어오고 있기 때문입니다.

넷째로 물 대는 방법은 주님과 친밀하게 일치를 이루고 하느님과 하나 되는 기도의 양상입니다. 정원은 내리는 빗물로 충분히 적셔집니다.

'정원에 물 대는 네 가지 방법'은 기도가 어느 쪽으로 발전해 가야 하는지 보여 주는 좋은 비유라고 생각합니다. 그 방향은 수동성과 단순성이 증가하는 쪽입니다. 점차로 내가 할 것이 줄어들고, 주님께서 더 많이 활동하십니다. 기도의 성장 방향은 관상적 기도의 양상으로 바뀌면서, 하느님과 더 가까이 더 깊이 일치를 이루어 가는 쪽입니다. 한 가지 방법에서 다른 방법으로 진전해 가면서, 내 머리와 가슴이 해야 할 일이 점차 줄어듭니다. 마지막 '네 번째 방법의 물 대기'에 이르면, 오직 주님 안에 머물러 있을 따름입니다.

기도에 관한 데레사 성녀의 가르침을 이해하는 데 핵심이 되는 열쇠는 그가 사용한 표상에 있다고 생각합니다. 데레사 성녀가 이용했던 표상이 내 체험에 꼭 들어맞고, 내가 기도 생활을 이해하는 데 많은 도움을 주었습니다.

예수의 성녀 데레사: 일곱 궁방

《영혼의 성》에서 데레사 성녀는 기도의 여정을 《천주 자비의 글》에서 묘사하는 경지를 훨씬 넘어선, 명확하고 완벽하며 성숙한 모습으로 묘사합니다. 마치 산 정상에 올라 자신이 걸어 올라온 산길을 굽어 내려보는 등산객처럼, 성녀는 삶의 완숙기에 자신이 걸어온 기도의 여정을 뒤돌아보며 《영혼의 성》을 기술하였습니다.

이제 기도의 여정을 데레사 성녀가 사용한 표상, 즉 그 하나하나에 많은 방을 가지고 있는 일곱 개의 궁방으로 구성된 성곽을 내면 세계에 비유한 표상으로 간단히 살펴봅시다. 기도의 여정은 가장 바깥쪽의 첫째 궁방에서 시작해서 각 궁방을 차례로 거쳐 마지막으로 왕이 거처하는 가장 안쪽의 일곱 번째 궁방에 이르는 여정입니다. 우리의 내면 세계를 묘사하는 이러한 성곽의 비유에서, 기도의 여정은 주님과 가장 가까운 일치에 이르려고 중심에 있는 일곱 번째 궁방으로 점점 더 깊이 다가가는 내적 여정입니다.

첫째 궁방은 영성생활을 시작하는 초보자를 묘사합니다. 그는 좋은 지향을 지니고 있지만, 여러 종류의 애착과 세상 걱정에 둘러싸여 있어 악마의 유혹에 쉽게 넘어갑니다.

둘째 궁방에서 나는 정기적으로 기도하기 시작합니다. 이 궁방에서 데레사 성녀는 기도에 충실하고 하느님의 뜻에 내 뜻이 합치되도록 최선을 다하라고 충고합니다.

셋째 궁방에서는 기도 중에 건조함도 체험하지만 위안도 어느 정도 체험하게 됩니다. 기도는 아주 단순하게 되었고, 이제 조금씩 하느님의 영감으로 관상같이 되어 갑니다. 선량한 많은 사람의 기도 모습이 바로 이 셋째 궁방의 기도 양상입니다. 그들은 매일매일 충분한 시간을 바쳐 충실히 기도합니다. 죄를 피하고 덕행을 실천합니다. 데레사 성녀는 이들이 이제 겸손을 배울 때라고 말씀합니다. 내가 보기에는 수도자와 성직자를 포함한 많은 사람이 이 단계에 머물러 더 이상 앞으로 나아가지 못하는 것 같습니다. 그들의 선함에 깃든 엄격함이 그들을 얽매고, 그들의 강직함이 넷째 궁방에 들어가는 데 필요한 겸손과 순진함으로 나아가지 못하도록 막아 버립니다.

《영혼의 성》에 나오는 첫 세 궁방은 《천주 자비의 글》에 소개된 첫 두 방법의 물 대기와 연결됩니다. 물이 물길을 따라 자연스레 정원으로 흘러 들어오는 셋째 물 대기 방법은 넷째, 다섯째, 여섯째 궁방과 연결됩니다. 정원에 비가 내리는 넷째 방법은 일곱 번째 궁방의 기도 양상과 연결됩니다.

내 체험으로 판단해 보면, 이미 많은 사람이 셋째 물 대기에 머물며 넷째 혹은 다섯째 여섯째 궁방에 머무르고 있습니다. 그들은 여러 해 동안 매일매일 충실히 기도해 왔고, 그래서 이 궁방들에 이르러 관상기도의 단계에 다다르게 되었습니다. 이제 넷째, 다섯째, 여섯째 궁방을 살펴봅시다.

넷째 궁방은 데레사 성녀가 "고요의 기도"라고 부르는 상태입니다. 고요의 기도에서 나는 주입 관상을 체험하며, 내 생각에서 나오지 않고 주님에게서 오는 기쁨도 체험합니다. 일반적으로 내가 노력해서 쉽게 주님과 관계를 맺게 되는 것이 아니라 주님의 은총에 의해 쉬워집니다. 고요의 기도라고 해서 반드시 고요할 필요는 없습니다! 때로는 무미건조함과 어둠 때문에, 마음과 의지의 지나친 활동 때문에 안절부절하지 못할 경우도 있습니다. 사실 수동적 정화는 이 넷째 궁방의 기도에서 이루어집니다. 분심과 건조함이 가져오는 어둠 속에서 신앙의 정화가 이루어지게 됩니다.

성녀 데레사는 다섯째 궁방의 기도를 "합일의 기도"라 부릅니다. 이 단계에서 기도는 매우 쉽습니다. 때로 나는 평화와 기쁨 속에서 주님께 집중해 있습니다. 때로는 기쁘게, 때로는 그분과의 일치에 사로잡혀 거기에 단순히 머물러 있는 것입니다. 이 합일의 기도는 전환기의 상태인 듯합니다.

다섯 번째 궁방에 들어간 사람들은 거기에 오래 머물지 않습니다. 여러 주간 또는 몇 달 동안, 몇몇 경우에는 일 년 정도 거기에 머물게 되는 듯합니다.

둘째 회심

다섯째 궁방에서 하는 합일의 기도는 '둘째 회심'이라고 부르는 체험과 연결된 듯합니다.

 둘째 회심이라는 개념은 16세기에 초창기 예수회원에게서 유래되었습니다. 예수회원에게 첫째 회심이란 자신의 삶을 온전히 주님께 바쳐 예수회원이라는 성소를 받아들인다는 뜻입니다. 둘째 회심은 몇 년 후에 주님께서 계획하시는 방식에 따라 일어나게 됩니다. 예수회원이 '제3수련'이라고 부르는 재수련 기간이 둘째 회심을 위한 기간이라고 볼 수 있습니다. 둘째 회심의 특징은 새롭게 받는 기도의 은총, 새롭게 쏟아지는 사도적 열정과 은사, 전에 없이 깊어지는 주님과의 관계입니다.

 사제 및 수도자와 함께 일한 내 체험을 돌이켜 보면, 이 둘째 회심이라는 이론과 개념이 사실임을 확신할 수 있습니다. 마찬가지로 이 이론은 진지하게 영적 삶을 추구하는 많은 평신도에게도 적용될 수 있습니다. 이 둘째 회심은 단 몇 분에서 혹은 일주일 정도의 아주 짧은 기간에, 개인기도 중에 또는 전혀 예측하지 못하는 순간에 은밀하게 일어난다는 것을 알게 되었습니다. 어떤 때에는 피정 지도 중에 일어납니다. 내 체험을 되짚어 보면, 많은 사람이 가톨릭과 다른 그리스도교 전통으로 들어와 성령 쇄신 모임에 참석해서 소위 성령 세례라고 부르는 체험, 즉 성령을 넘치도록 받는 기도의 결과로 회심하기도 합니다. 어떠한 처지에서 어떻게 발생하든, 둘째 회심은 무엇인가를 새롭게 시작합니다. 그것은 새로 태어나는 체험입니다. 기도는 더 순조로워지고, 주님을 더 가까이 느낍니다.

  나는 둘째 회심이 다섯째 궁방으로 들어가는 입구라고 늘 생각했습니다. 데레사 성녀의 가르침과 예수회의 둘째 회심에 대한 가르침을 연결시킨 것을 혹시 탐탁지 않게 생각하는 사람이 있을지도 모르겠습니다. 하지만 내 체험에 비추어 볼 때, 이것은 사실입니다. 나는 사람들이 이 다섯째 궁방에서 오래 머무른다고 생각지 않습니다. 신혼을 즐기는 것과 같이 기쁨 속에서 주님과 위안을 즐기는 이 순간은 금방 지나갈 것이고, 주님은 나를 여섯째 궁방으로 이끌어 가실 것입니다.

여섯째 궁방은 일곱 번째 궁방을 위한 준비입니다. 이 준비를 하는 데 꽤 오랜 기간이 걸릴 수 있습니다. 여섯째 궁방은 안팎으로 시련을 겪는 기간입니다. 때로는 엄청난 위로와 특별한 기도의 은혜가 주어지기도 합니다. 하지만 거기에 안팎으로 어려움이 따릅니다. 예를 들어 기도 중에 매우 심한 메마름을 체험하거나, 다른 사람들이 나를 오해하는 상황이 수반될 수 있습니다.

일곱째 궁방은 주님께서 머무르시는 방에서 주님과 친밀한 일치에 머무르는, 일종의 영적 혼인 상태입니다. 시련이 다 끝나지 않았지만 여기에는 근본적으로 주님과 친밀하고 깊이 일치하는 데서 오는 평화가 있습니다. 병이나 타인과의 문제 등 여러 문제가 남아 있긴 하지만, 그것이 나를 방해하지 못합니다. 나는 주님께 집중되어 있습니다.

'나는 어디에 있는가?'
_____

여러분이 아마 다음과 같이 자문해 볼지도 모르겠군요. '그렇다면 나는 지금 이 성장 곡선에서, 기도의 여정에서 어디쯤 있는가? 어떤 양상의 물 대기에 와 있는가? 나는 지금 어느 궁방에 다다라 있는가?' 이 질문에 대해 여러 방법으로 대답할 수 있습니다. 다음에 몇 가지를 제시해 보겠습니다.

사실 이 성장 곡선에서 내가 어디에 있는지 아는 것은 전혀 필요하지 않기에 걱정하지 않아도 됩니다. 수년 동안 매일매일 충실히 기도해 온 대부분의 사람은 분명히 넷째, 다섯째, 여섯째 궁방에 다다라 있을 것입니다.

셋째 궁방을 넘어선 대부분의 사람은 그 사실을 받아들이지 않습니다. 그래도 좋습니다. 그 사실을 받아들이지 않듯이, 자신이 어디에 있는지 알 필요도 없습니다.

데레사 성녀의 작품들, 예를 들어 《영혼의 성》을 읽은 사람 중 몇몇은 그의 가르침을 그릇되게 해석합니다. 그들은 성녀가 겪은 특수한 체험(탈혼이나 환청 등)에 관해 읽고, 마치 그러한 의사擬似 신비 체험이 데레사 성녀가 묘사하는 기도의 단계를 대변해 준다고 생각합니다. 그렇지 않습니다. 기도의 단계는 기도의 양상에 따라 구분되지, 결코 특별한 표지에 의해 규정되지 않습니다. 사실 황홀경이나 환청을 체험하는 사람은 무척 적습니다(환청이란 주님의 소리를 마음에서 듣거나 실제 소리로 듣는 것인데, 항상 주님께서 주시는 말씀이라는 인식이 수반됩니다). 이 환청은 비록 데레사 성녀가 일곱 번째 궁방에서 묘사하지만, 사실은 어느 궁방에서나 일어날 수 있는 일입니다. 그러한 것은 내가 기도의 여정에서 '어디쯤 있는지' 결코 알려 주지 못합니다. 오히려 내 삶과 기도에서 내가 얼마나 주님께 집중하고 있느냐 하는 문제가 중요합니다. 기도하는 가운데 아무런 특이 체험이 없이도 일곱 번째 궁방으로 차례차례 다가갈 수 있습니다. 황홀경도 없고 환청도 없고 환시가 없어도, 주님께서 나를 이끌어 가시고 사랑하시며 응답하도록 가르쳐 주심을 알기에 바로 거기에 다다르게 됩니다.

기도

주 예수님, 저에게 기도를 가르쳐 주십시오.
당신께서 이끌어 주시는 기도의 여정에서 제가 어디에 있든지,
거기에서 그 순간 당신께서 원하시는 방식으로
저를 사랑해 주시기에 저는 행복합니다.
당신께서는 제가 어떤 양상의 기도에 있어야 하는지 아시기에
제게 그것을 베풀어 주십니다.
주님, 저를 이끌어 주시고,
당신을 따르도록 가르쳐 주십시오.
아멘.

제7장

어둠과 빛

 아마도 대부분의 사람에게 기도는 어둠 속을 걷거나 사막을 걷는 체험과 같을 것입니다. 성녀 데레사가 말하는 네 가지 방법의 물 대기가 전혀 작용하지 않습니다. 물이 없습니다. 기도는 무미건조하고, 무덤덤함과 분심으로 가득 찼거나, 어둠의 체험일 뿐입니다. 하지만 이러한 어둠이 평화스럽고 조용히 쉴 수 있는 어둠일 수도 있습니다. 또 이 어둠이 뜨거운 사막처럼 고통스러울 수도 있고 쉽게 지긋지긋해지기도 합니다. 흔히 우리는 기도 안에 충실하게 머물면서 인내하고, 할 수 있는 한 그 어둠이나 사막을 담담하게 받아들여야 합니다.

 그렇다면 기도 중의 무미건조함과 어둠을 어떻게 이해해

야 할까요? 혹시 내가 잘못해서 생기는 것은 아닐까요? 이것에 대해 내가 할 수 있거나 해야 하는 일은 무엇일까요?

어두운 밤

십자가의 성 요한이 관상에 관해 가르친 내용의 핵심은 어두운 밤의 가르침에 있다고 할 수 있습니다(이 가르침은 《가르멜의 산길》과 《어두운 밤》이라는 두 저서에 잘 나타나 있습니다). 십자가의 성 요한에게 '밤'이란 하느님이 아닌 것에 대한 모든 애착을 싹 없애 버리는 '상실'을 의미합니다. 그 '밤'은 나를 정화시키고 나에게서 주님이 아닌 모든 것을 비우게 합니다. 나는 하느님이 아닌 모든 것을 비우는 정화를 통해 비로소 하느님만으로 가득 찰 수 있습니다. 드디어 나의 영적 '눈'은 어둠에 익숙해지고, 이제 믿음으로 '바라볼' 수 있게 되며, 어둠의 무미건조함과 고통은 사라져 버립니다. 주님의 빛은 너무 밝아서 내 눈을 멀게 합니다. 그러므로 내가 어둠에 익숙해져 희미하게나마 보기 시작할 때까지 나는 그것을 어둠으로 인식합니다.

어두운 밤은 진지하게 기도하는 모든 이에게 이런저런 방식으로 나타납니다. 사람마다 각각 다른 방식과 형태로 나타납니다. 그 밤은 나에게서 주님이 아닌 모든 것이 비워지는 정화의 은총입니다. 하지만 나는 그 사실을 어둠이나 주님의 부재, 혹은 적어도 그분의 현존이 덜 느껴지는 것으로 인식합니다. 또는 그것을 무미건조함의 체험으로, 사막에서의 길고 힘든 여정으로, 주님과 영적인 것에 저항하는 것으로, 나 자신의 죄와 주님을 두려워하는 것으로, 무력감과 흐리멍텅함 같은 것으로 체험하기도 합니다. 이런 상황에서는 도무지 기도할 수 없을 것 같습니다.

어두운 밤은 여러 달 또는 여러 해 동안 계속될 수 있습니다. 십자가의 성 요한이 어두운 밤(능동의 밤, 수동의 밤, 감각의 밤, 영의 밤)을 여러 종류로 설명하지만, 그의 진정한 의도는 오직 같은 밤의 여러 면(능동과 수동)과 그 전개 양태(감각의 밤과 영의 밤)를 설명하려는 것입니다.

그러면 내 기도에 어두운 밤이 깃드는 이유는 무엇인가? 정화의 필요성, 나의 죄, 죄의 경향, 이기심, 주님이 주고자 하시는 은총에 대한 둔감함 때문입니다. 주님은 어두운 밤의 은총을 통해 나를 정화시키십니다. 때에 따라서는 가족의 죽음, 심각한 실패나 거부, 육체적·심리적 병, 현실에 적응하지 못하는 무능력, 외부의 압력, 외로움 등과 같은 외부 요소가 어두운 밤의 분명한 원인일 수도 있습니다. 하지만 어두운 밤의 참다운 원인은 내 안에서 일하시는 주님이십니다. 그분은 나를 준비시키고 당신을 더 깊이 인식할 수 있는 '밤눈'을 밝게 해 주기 위해 밤을 이용하십니다.

이 밤에 나는 무엇을 해야 합니까? 사막에서는 어떻게 행동해야 합니까? 우선 주님께서 그 순간 거기에서 나를 사랑하고자 하는 방식대로 나를 사랑하시도록 내버려 두어야 합니다. 밤에 처해 있는 자신을 발견하면 그 사실을 인정하고 받아들여야 합니다. 주님은 가능한 한 내가 모을 수 있는 최대한의 평화로움으로 그 밤에 조용히 머물러 있으면서 나를 정화하시는 당신의 은혜에 협력하라고 부르십니다. 주님은 특히 당신을 신뢰하라고 부르십니다. 그분을 신뢰한다는 것은 나를 향한 그분의 개별적 사랑과 관심을 진지하게 받아들이고, 그분이 내 의식 저편에서 은밀하게 활동하고 계심을 믿고, 그분만이 내 기도와 삶의 주님이심을 아는 것입니다.

어두운 밤과 궁방

예수의 성녀 데레사가 묘사하는 첫 세 궁방은 주님을 무엇보다 앞서 선택하는 은총, 온갖 죄에서뿐 아니라 나와 주님의 일치에 도움을 주지 못하는 모든 것에서 나 자신을 자유롭게 하는 은총의 형태를 취합니다. 십자가의 성 요한은 어두운 밤의 이 부분을 '감각의 능동적 밤'이라 부릅니다. 여기에서 '능동적'이란 내가 무엇을 한다는 의미입니다. 물론 주님의 도우심으로 말입니다. 여기에서 '감각'이라는 말을 쓰는 이유는 정화가 애착의 느낌과 같은 감각의 차원에서 일어나기 때문입니다. 감각의 능동적 밤은 사실 사랑의 문제입니다. 주님께서는 성령을 통해 내 가슴속에 당신을 향한 사랑을 퍼부으셔서 나로 하여금 주님을 선택하고, 그분을 사랑스럽게 선택하는 데 방해가 되는 모든 것을 버리도록 이끌어 주십니다.

감각의 밤에서 수동적 측면은 넷째 궁방에서 시작된다고 말할 수 있습니다. 하지만 넷째 궁방의 바로 앞에 있는 셋째 궁방에서 단순함의 기도(prayer of simplicity)나 거둠의 기도(prayer of recollection), 혹은 단순히 생각하는 기도(prayer of simple regard)와 더불어 시작되는 경우가 흔합니다. 이 상태가 되면 생각하기가 점점 어려워지고 느려지다가 멈추게 됩니다. 믿음과 희망과 사랑의 행위가 이제 주님께 다다르는 단순한 행위 안에 스며들어 있습니다. 나는 더 이상 기도 중에 이런저런 것으로 분주하지 않습니다. 혹시 빈 것 같은 나른함을 느낄지도 모르겠습니다. 분심이 들기도 합니다. 무엇을 해야 할지 모르지만, 주님의 현존 앞에 바보처럼 멍청하고 가난하게 머물러 있는 것 외에 무엇을 하려 들면 불편해집니다.

이제 어두운 밤의 수동적 측면이 시작된 것인데, 내가 아니라 사실은 주님께서 내 안에서 시작하신 일입니다. 그분은 내 안에서 비밀리에 일하시면서, 기도의 '만족감'에 애착하는 나를 정화시키고, 기도를 통한 당신과의 관계에서 내 생각과 느낌에 의존하려는 경향에서 나를 비워 주십니다. 이러한 정화를 수동적으로 받아들이기에 '수동적'이라고 부르는 것입니다. 그분이 무엇을 하시는지 전혀 느낄 수 없지만, 그분께서 무엇인가 하고 계십니다. 물론 나 또한 어두운 밤의 능동적 측면을 계속해야 합니다. 하지만 더 중요한 것은 그분의 도우심으로 '내'가 무엇을 하는 것이 아니라, '나의 무력함 속에서 그분께서 무엇인가 하신다'는 점입니다.

어두운 밤의 수동적 측면은 꽤 오랫동안 지속됩니다. 그것은 다양한 강도와 동요에 따라 변화되면서 있었다 없었다 합니다. 보통으로 넷째 궁방을 떠나 다섯째 궁방에 진입할 때, 즉 '둘째 회심'이나 오랜 고요의 기도 후에 영적으로 새로 태어나는 체험과 더불어 끝납니다. 그런 뒤 다섯째 궁방에서 여섯째 궁방으로 넘어갈 때 다시 시작됩니다.

어두운 밤은 여섯째 궁방에서 다시 시작됩니다. 아직도 나는 더 정화되어야 합니다. 사람들의 오해나 다른 외부 요인 때문에 나는 매우 심각한 어려움을 겪게 됩니다. 그리고 주님은 당신과 더 깊은 관계를 맺도록 하기 위해 나를 정화시켜 주십니다. 주님이 아닌 것에 대한 애착에서 나를 비워 주시고, 주님이 주신 위안에 의존하는 나를 해방하십니다. 그래서 나는 내적으로 고통을 겪기도 합니다. 이것이 영의 어두운 밤입니다. 여기에는 능동적 측면이 있습니다. 능동적으로 나는 주님이 아닌 것을 거슬러, 계속해서 주님만을 선택해야 합니다. 그리고 수동적 측면도 있습니다. 어둠 속에서 주님께서 비밀리에 일하십니다.

내가 어둠에 더 익숙해지면 밤눈이 밝아져, 주님이 비추시는 불빛이 더는 고통스럽지 않습니다. 그리고 그분은 나를 일곱째 궁방으로 이끌어 가시어 사랑 속에서 당신과 일치하여 머물도록 해 주십니다.

어두운 밤의 가르침에서 나는 기도 중에 어떤 일이 일어나는지 이해할 수 있으며, 어둠을 은총으로 받아들일 수 있는 도움을 받습니다. 또 내가 기도에서 무력함을 느낄지라도, 그 어둠 속에서 비밀리에 일하고 계신 주님을 상기하도록 도와줍니다. 물론 주님은 빛 속에서도 일하십니다. 그분은 나를 눈부시게 만들기도 하십니다. 나를 향한 당신 사랑의 힘과 관심의 온기를 느끼도록 하시어 나를 바꾸어 주시고, 어둠뿐 아니라 빛 속에서도 나를 변화시키는 은총을 주십니다.

빛 속에서

관상의 체험은 매우 다양합니다. 주님께서 주시는 관상의 선물은 각 사람마다 다릅니다. 비록 우리가 기도의 일반적 여정을 논의하면서 진지하게 기도하는 사람이 겪게 되는 어두운 밤에 대해 말하고 있지만, 무한한 지혜를 지니신 주님은 각 사람마다 각각 다른 은총을 내려 주십니다. 기도에서는 더욱 그렇습니다.

혹시 자신의 기도가 대부분 어둠의 체험이고, 기도 중에 아무 일도 생기지 않아 다른 사람에게 기도 중에 무엇이 일어나는지 도무지 설명할 수 없어 곤란한 처지라면, 자신만 그런 일을 겪는 것이 아님을 기억해야 합니다. 신앙으로 기도하는 체험, 즉 주님이 거기에 계신 것은 알지만 그분의 사랑스러운 현존에 대한 어떠한 증거도 없고, 참으로 아무런 위안도 없이 기도하는 체험이 결코 드문 일은 아닙니다. 오히려 매우 흔한 체험입니다.

반대로 만일 주님께서 내 기도 중에 자주 명백한 방식으로 일하셔서, 기도 중에 신적으로 주어진 이해라든가 통찰력의 형태로 큰 빛을 비추어 주신다면, 선물을 주시는 분과 선물 자체를 혼동하지 않도록 조심해야 합니다. 주님은 때때로 나를 사막에 내버려 두십니다. 당신의 사랑스러운 현존을 전혀 입증하지 않은 채 내버려 두시어, 당신이 주신 은혜를 포함해서 주님이 아닌 것에 의존하는 경향에서 나를 자유롭게 해 주시고, 당신께 더 의존하도록 이끄십니다. 그러기에 사막 또한 은혜입니다.

환청이나 환시나 이와 비슷한 체험은 관상기도의 핵심 요소가 결코 아닙니다. 그런 것은 단지 주님께서 나에게 필요하다고 여기실 때 도움이 되도록 주실 따름입니다. 주님만으로는 충분치 않아 그러한 것에 애착을 가지게 된다면 큰일입니다. 그분이 그러한 특별 선물을 주시지 않으면 주님과 함께 있어도 결코 행복하지 않을테니까요. 그 선물에 '매이게' 될 수도 있습니다. 그분이 주시는 가장 큰 선물이요, 나에게 꼭 필요한 한 가지는 주님뿐입니다.

십자가의 성 요한은 기도 중에 환청이나 환시, 혹은 특별한 영적 인식을 바라지 말아야 할 뿐 아니라 그러한 것이 '없기를 원해야' 한다고 말합니다. 비록 주님에게서 오더라도, 그것은 내가 주님을 애착하는 데서 벗어나 그것을 애착하는 데 쉽게 빠져들 수 있으므로 위험한 것입니다.

새가 나무에 실로 묶여 있다면 결코 날 수 없습니다. 내가 심각한 죄에 대한 애착에 묶여 있든, 기도에서 특별한 효과에 지나치게 의존하여 묶여 있든 날지 못하는 것은 마찬가지입니다. 내 이기심이 그분을 향한 사랑을 조금이라도 가로막고 있다면, 주님께 온전히 속하는 데 자유로울 수 없습니다.

주님에게서 오는 말씀이나 환시 혹은 위안 등의 선물이 사실은 거짓으로, 주님에게서 오는 것이 아니라고 말하는 몇몇 저자가 있습니다. 또 그것들이 언제나 하느님에게서 오지 않고 무의식에서 나온다고 말하는 이도 있습니다. 이렇게 말하는 이들은 잘못 생각하는 것입니다. 아마 그들의 체험이 부족한 탓일 것입니다. 우리는 양 극단의 오류에 빠지길 원치 않습니다. 그러한 것을 너무 중요하게 여겨서 그것을 갈구하고 애착하는 오류와 또 주님에게서 오는 것을 거부하는 오류 말입니다.

반면에 기도 중에 때때로 주님에게서 오는 '손길'을 체험하기도 합니다. 매우 짧으나 강하고 짜릿하게 맛보는 위안은 주님에게서 오는 것입니다. 그분이 참으로 내 영혼의 가슴을 만지시는 듯합니다. 그러한 '손길'은 특수 효과가 아닙니다. 하느님께서 나를 당신과 강하게 일치시키시는 손길입니다. 우리는 그것을 원해야 합니다! 무엇보다 주님과의 깊은 일치를 간절히 '원해야' 합니다.

기도

주 예수님, 저에게 기도하는 법을 가르쳐 주십시오.
그리고 지금 당신께서 저를 사랑하고 싶은 방식대로
사랑하게끔 내버려 두는 방법을 가르쳐 주십시오.
당신께서 주시는 은총이 기쁨과 만족을 주든 그렇지 않든,
그 은총이 나를 정화시키거나 그렇지 않거나 간에,
당신께서 저에게 주시는 모든 은총에
협력할 수 있도록 가르쳐 주십시오.
당신께서는 "청하여라, 너희에게 주실 것이다.
찾아라, 너희가 얻을 것이다.
문을 두드려라, 너희에게 열릴 것이다" 하고 말씀하셨습니다.
이제 당신께 오직 당신만을 원하는 은총과,
또 저를 항상 당신에게 몰두케 하는 성령에 대한
사랑과 힘을 제 안에 심어 주시기를 청합니다.
비록 저의 기도가 무미건조해지고 분심에 시달리며,
당신의 사랑과 현존을 체험하지 못한다 할지라도,
제가 당신을 향해 잘 헤쳐 나갈 수 있도록 가르쳐 주십시오.
무엇보다 당신이 주시는 위로와 더불어
당신을 선택하고 당신을 사랑할 수 있는 방법을
가르쳐 주십시오.

주님, 저는 무력하고 가난합니다.
때때로 예루살렘에서 예리코로 내려가다가 강도를 만나
반쯤 죽은 사람처럼 느낄 때가 있습니다.
저의 죄와 불신, 저의 이기심이 저를 반죽음의 상태로
만들어 버렸습니다.
'착한 사마리아 사람'(루카 10,33-34)이신 주님,
저에게 오시어 저를 불쌍히 여겨 주십시오.
당신의 사랑과 관심이라는 기름과 포도주를 부으시어
제 상처를 치료해 주십시오.
당신께서 아시다시피 저에게 꼭 필요한
그런 기도의 은총을 주십시오.
아멘.

제8장

영신식별: 식별하기

이 장에서는 영신식별에 관해 다루면서, 특별히 식별의 관상적 측면을 설명해 보겠습니다. 이것은 식별을 기도 방법 중 하나, 정확히 말하면 예수님을 관상하는 하나의 방법으로 말하는 것입니다.

여러분은 아마도 여기에서 책의 전개 방향이 바뀌고 있다고 감지하실 것입니다. 관상에 관한 장에서는 주로 관상에 대하여 '묘사했고', 이제 식별에 관한 장에서는 어떻게 식별하는지 '이야기하고자' 합니다. 그 이유는 이렇습니다. 관상은 내가 무엇을 하는 것이기보다 주님께서 내 안에서 무엇인가를 하시는 은총이며 선물입니다. 반면에 식별 역시 하느님의 은총입니다만 일종의 기술과 같습니다. 기술은 배울 수 있는 것입니다. 이 장과 그다음 두 장의 목적은 여러분이 식별의 기술을 배우도록 도와 드리는 데 있습니다. 하지만 가장 먼저 '영신식별'이라는 단어가 지니고 있는 다양한 의미를 구분해야 합니다.

영신식별의 은사

'영신식별'은 은사 중의 하나고, 또는 그리스도교의 실천 사항 가운데 하나를 뜻합니다. 먼저 이 말이 영신식별의 은사를 의미할 때가 있습니다. 바오로 사도는 코린토 신자들에게 보낸 첫째 서간에서 다른 은사와 함께 이 은사를 언급합니다. "은사는 여러 가지지만 성령은 같은 성령이십니다. … 하느님께서는 각 사람에게 공동선을 위하여 성령을 드러내 보여 주십니다"(1코린 12,4-7). 이어서 병 고치는 능력, 기적을 행하는 능력, 하느님의 말씀을 받아 전하는 능력, 어느 것이 성령의 활동인지를 가려내는 힘 등 여러 은사를 열거합니다. 과연 은사란 무엇이고, "어느 것이 성령의 활동인지를 가려내는 힘"이란 무엇입니까?

은사란 특별한 선물 혹은 은총으로서 다음과 같은 세 가지 특성을 지닙니다.

① 은사는 모든 이가 아닌 몇몇 사람에게만 주어진다.
② 은사는 그리스도교 공동체라는 그리스도의 몸을 구성하고, "공동선"(1코린 12,7)을 이루기 위한 사목과 봉사의 선물이다.
③ 은사는 주님과의 특별한 관계이다.

몇 가지 예를 들어 보겠습니다. 가톨릭교회의 성직자와 수도자가 실천하는 축성된 정결은 은사입니다. 모든 사람이 축성된 정결로 불리지 않고(마태 19,12 "하늘 나라 때문에 스스로 고자가 된 이들도 있다."; 1코린 7,7 "저마다 하느님에게서 고유한 은사를 받습니다."), 몇몇 사람에게만 이 은사가 주어집니다. 둘째, 축성된 정결은 성직자와 수도자가 주님을 위한 봉사에 온전히 헌신할 수 있도록 그들을 자유롭게 해 줍니다(1코린 7,32-35 참조). 셋째, 축성된 정결을 약속하거나 서원한 사람은(평신도를 포함해서) 이것이 예수 그리스도께 속하기 위한 특별한 방법이라는 것을 잘 알고 있습니다.

마찬가지로 가르침의 은사, 특히 그리스도교를 가르치는 은사 역시 모든 사람에게 주어지지 않고, 주로 이러한 사목으로 부르심을 받고 특히 기도 중에 가르침의 은사를 구하는 사람에게 주어집니다. 이것은 봉사의 은사입니다. 이 은사는 가르치는 이가 그분을 대리하여 가르치면서(에페 4,11; 로마 12,7 참조) 예수 그리스도와 특별한 관계를 맺게 이끕니다. 마지막으로, 주님께서는 보통 그리스도인이 행하는 복음 선포의 의무를 넘어 그 일에 투신하는 사람에게 복음 선포의 은사를 내려 주시면서, 그가 복음 선포자로서 당신과 특별한 관계를 맺게 해 주십니다(에페 4,11 참조).

영신식별의 은사도 몇몇 사람에게 주어지는 은총의 특별한 선물입니다. 이는 성령에게서 오는 것이 무엇이고 어떤 말씀이고 어떤 현시인지를 알고, 또 성령에게서 오지 않는 것이 무엇이며 악령에게서 오는 것이 무엇인지 구분해 말할 수 있는 능력을 의미합니다. 신약성경을 연구하는 대부분의 학자들은 이 은사가 기도 중에 공동체에 전해지는 예언의 말씀이 진실로 주님에게서 오는 것인지 아닌지 결정하는 데 사용되었기 때문에, 바오로 사도가 영신식별의 은사를 예언의 은사 바로 다음에 놓았다고 생각합니다. 아마 식별의 은사는 악령의 현존을 식별해 그것을 쫓아내는 데 사용되기도 했을 것입니다. 그래서 일반적으로 이 은사를 매우 중요시했을 것입니다.

우리 중 대다수는 영신식별의 은사를 갖고 있지 않습니다. 하지만 우리는 모두 삶에서 무엇이 성령에게서 오고 무엇이 그렇지 않은지 식별하기 위해, 일반적 방법으로 영신식별의 지혜를 사용하도록 요청받고 있습니다.

모든 이를 위한 선물인 영신식별

신약성경은 영신식별이 은사일 뿐만 아니라, 모든 그리스도인에게 주어진 선물이라고 말합니다. 물론 그러한 은사를 받은 사람은 그렇지 못한 사람보다 영신식별을 더 잘 할 것입니다. 하지만 우리는 삶에서 주님에게서 오는 것과 그렇지 않은 것을 식별하도록 요청받고 있습니다.

바오로 사도가 코린토 신자들에게 보낸 첫째 서간에서 사용한 '영의 식별'이라는 단어는 분명히 은사를 뜻합니다(1코린 12,10). 하지만 요한의 첫째 서간에서 나타나는 '영의 식별'은 모든 이에게 주어진 선물을 의미해서 모든 이가 식별하도록 불렸음을 보여 줍니다. "사랑하는 여러분, 아무 영이나 다 믿지 말고 그 영이 하느님께 속한 것인지 시험해 보십시오. 거짓 예언자들이 세상으로 많이 나갔기 때문입니다"(1요한

4,1). 신약성경에서 영의 식별이 직접 언급된 경우는 두 번뿐이지만, 사실 영신식별은 복음서 전체와 사도행전을 비롯한 신약성경 전체에서 두루 찾아볼 수 있습니다. 복음서는 예수님 안에서 성령의 힘과 악령에 대한 승리를 인식하는 데 식별이 필요하다는 것을 보여 줍니다. 마리아는 예수님의 탄생 예고를 들었을 때(루카 1,35 참조) 하느님의 활동을 식별하였고, 후에 요셉도 마찬가지입니다(마태 1,18-20 참조). 엘리사벳과 시메온도 예수님 안에서 성령을 알아보았습니다(루카 1,41; 2,26 참조).

마태오 복음서 11장과 12장을 보면 예수님이 이스라엘의 지도자들과 토론을 벌이시는데, 거기에 깔려 있는 가르침이 영신식별에 관한 내용입니다. 여기에서 식별의 대상은 예수님입니다. 예수님이 말씀하시고 행하시는 것에서 성령의 현존을 식별해야 합니다. 예수님의 비유를 이해하는 데에도 식별이 필요합니다. 더욱이 비유는 식별을 가르칩니다. 예를 들어, 고통당하는 형제 안에서 예수님의 현존을 식별하라고 요구하고(마태 25,31-46 참조), 어리석은 자가 되지 말고 식별해서 현명해지라고 요구하며(마태 25,14-30 참조), 모래 위가 아니라 반석 위에 집을 세우라고 요구합니다(마태 7,24-25 참조).

바오로 사도는 여러 공동체에게 편지를 보내면서 영신식

별을 실천합니다. 그리고 식별을 가르칩니다(필리 1,9-11 참조). "하느님의 영의 인도를 받는 이들은 모두 하느님의 자녀입니다"(로마 8,14). "빛의 자녀답게 살아가십시오. … 무엇이 주님 마음에 드는 것인지 가려내십시오"(에페 5,8-10; 참조 5,17). 바오로 사도의 주요 식별 기준은 예수 그리스도와의 인격적 관계입니다(1코린 12,3; 23,3 참조). 요한 복음과 요한의 서간들에서도 마찬가지입니다. "하느님의 영을 이렇게 알 수 있습니다. 예수 그리스도께서 사람의 몸으로 오셨다고 고백하는 영은 모두 하느님께 속한 영입니다. 그러나 예수님을 믿는다고 고백하지 않는 영은 모두 하느님께 속하지 않는 영입니다"(1요한 4,2-3).

영신식별에 대한 그리스도교 전통은 신약성경에서 시작하여 현대에 이르기까지 계속 이어져 왔습니다. 이 전통 중에서 특히 16세기의 관상가이며 예수회를 창립한 성 이냐시오의 가르침은 고전적 가치를 가진다고 말할 수 있습니다. 그가 제시한 규칙은 식별에 관한 실천적 지침으로 어느 것보다 뛰어납니다. 여기에서는 그의 가르침을 따라가 보겠습니다.

영을 식별함

영신식별이란 사랑과 신앙의 빛 아래 자기가 한 체험의 성격을 기도하는 마음으로 조사하는 과정입니다. 이러저러한 생각이나 충동, 또는 이러저러한 구상이나 계획, 혹은 이러저러한 말이 과연 주님에게서 오는 것인지 아닌지 기도하는 마음으로 살펴보는 과정입니다. 예수님의 성령에게서 오는 것인가 그렇지 않으면 다른 원천에서 오는 것인가? 어느 특정한 생각이나 계획, 혹은 말이 어디에서 오는지 알면 결정을 내리는 데 도움이 됩니다. 성령에게서 오는 것이라면 그것을 따라 실천하고, 그렇지 않으면 피하고 거절해야 합니다.

이냐시오 로욜라 성인은 "영신식별을 위한 규범들"(《영신수련》 313-336번)에서 '선신'(good spirits)과 '악신'(bad spirits)을 구분합니다. '선신'이란 성령과 천사를 의미합니다. 양상이 어떠하든 주님에게서 오는 내적 생각이나 충동을 이냐시오는 '선신'이라고 부릅니다. 전통적으로 유혹의 원천이라고 부르는, 세속적이고 육적이며 악마적인 것에서 오는 생각이나 충동을 이냐시오는 '악신'이라고 부릅니다. 영신식별의 요점은 다음과 같습니다. 즉 어떤 특별하고 구체적인 경우에서 어떠한 상념, 생각, 계획, 충동, 내적 이끌림 등이 과연 선신에게서 오는 것인지 아니면 악신에게서 오는 것인지 판단하고 싶다는 것입니다.

판단을 내리기 위해 어떤 기준을 사용해야 하나? 나의 내적 체험을 판단하기 위해 어떤 규범을 적용해야 하나? 여기에는 주관적 규범과 객관적 규범이 있습니다. 객관적 규범은 나를 넘어서 내 밖에 있습니다. 주관적 규범은 내 양심과 내적 느낌, 생각, 충동입니다.

객관적으로 주님께서는 성경과 교회의 가르침과 교의, 내가 따라야만 하는 교회의 합법적 권위를 통해서 나에게 말씀하시며 삶의 지침을 제시하십니다. 그러므로 내가 지닌 생각이나 충동이 객관적 규범과 어긋나는 것처럼 보이면 조심스럽게 살펴보아야 합니다. 주님은 성경과 교회를 통해 이렇게 말씀하시면서 내 마음속에서 다른 것을 말씀하시는, 모순을 범하시는 분이 아닙니다.

그러나 객관적 규범만으로 내 생각이나 느낌을 판단하기에는 부족할 때가 종종 있습니다. 예를 들어 객관적으로는 매우 좋은 생각인 듯하지만, 과연 그것이 지금 여기에서 주님께서 내게 원하시는 것인가 하고 자문해 볼 수 있습니다. 악신도 합당하지 않은 시간에, 또는 적당치 않은 상황에서, 또는 그 일을 하는 사람으로 주님께서 나를 원하지 않으실 때, 객관적으로는 좋은 일을 하도록 나를 이끌 수 있습니다. 많은 경우에 주관적 규범에 의존해서 도움을 얻어야 합니다. 혹시 내 양심이 어떤 특정한 생각이나 충동에 대해 옳지 않다고 말한다면, 나는 그것을 따르면 안 된다고 알게 됩니다. 하지만 종종 내 양심이 거부하지 않는 것이 있습니다. 이런 경우 그것이 선하고 죄가 아니며 객관적으로 할 수 있는 일이라고 할 때, 그 생각이나 충동이 과연 주님에게서 오는 것일까? 그것을 내가 어떻게 알 수 있을까?

이 생각 또는 충동이 주님에게서 오는 것인가 아닌가를 평가하는 내적 혹은 '주관적' 규범에 대해 말할 때, 주관적이라는 말은 임의적이라는 의미를 갖지 않습니다. 그것은 영신식별에 대한 그리스도교 전통의 객관적 지평에 뿌리를 둔 신뢰할 만한 규범이어야 합니다.

이냐시오가 제시하는 첫째 규범은 다음과 같습니다. 혹시 내가 주님에게서 멀어져 심각한 죄 속에서 살고 있다면, 분명히 악신은 주님에게서 멀리 떨어지게 하는 것에서 기쁨과 즐거움을 느끼게 합니다. 나는 주님에게서 멀어지고 있고, 그래서 내가 이미 나아가고 있는 방향으로 이끄는 생각이나 충동에서 특정한 즐거움을 찾습니다. 하지만 선신은 그 반대의 방법으로 접근해서, 양심에 고통과 가책을 일으켜 부정적 느낌과 불편함 혹은 걱정을 불러일으킵니다. 왜냐하면 선신은 나의 삶이 나아가는 방향을 '거슬러서' 다가오기 때문입니다.

반면에 내가 그리스도교의 가르침을 따라 살고자 노력하고 있고(이 책을 읽고 계신 여러분은 분명히 그럴 것입니다) 주님의 길에서 앞으로 나아가는 사람이라면, 그와 반대되는 일이 일어납니다. 악신은 오히려 슬픔과 불편함, 장애물에 대한 두려움을 일으켜 그리스도의 삶을 따르려는 나를 방해하려고 합니다. 반면에 선신은 나에게 용기와 위안, 죄에 대한 슬픔과 눈물과 영감을 주며, 주님을 섬기는 일이 쉬워지게 하고, 평화로운 마음을 가져다 줍니다. 바로 이러한 것을 통해 무엇이 선신에게서 오고 무엇이 악신에게서 오는지 알게 됩니다. 내 안에 있는 결과로 알게 되는 것입니다.

이냐시오는 다음과 같이 설명합니다. "선에서 좀 더 나은 선으로 전진하는 자의 경우, 선신이 이런 영혼을 대할 때는 마치 물방울이 마른 행주나 스펀지에 들어가는 것처럼 부드럽고 가볍고 달콤하지만, 악신이 그를 대할 때는 마치 물방울이 돌 위에 떨어질 때처럼 우악스럽고, 요란하며, 불안하다. 그러나 나쁜 상태에서 더 나쁜 상태로 타락하는 영혼에게는, 선신도 악신도 그 반대되는 모양으로 접촉한다. 그 까

닮은 이러하니 선신이나 악신이나 간에 자기와 반대되는 상태의 영혼과 접촉할 때에는, 그가 오는 것을 쉽게 짐작할 수 있을 만큼 소리를 내면서 요란스럽게 들어오고, 자기와 비슷한 상태의 영혼에 들어갈 때에는 자기 집에 들어가듯이 조용히 문을 열고 들어간다"(《영신수련》 335번). 여기에서 말하는 요점은 '영적으로 내가 어디에 있는가?'가 아니라, 내 삶의 '방향'이 어디를 향하고 있는가입니다. 나는 주님을 향하고 있는가 아니면 그분에게서 멀어지고 있는가?

위안

대부분의 경우 나에게 떠오른 생각이나 하고픈 행동, 혹은 내적 충동의 기원을 판단하는 데 최상의 기준은 이냐시오 성인이 "위안"(consolation)이라고 부르는 것입니다. 위안이란 무엇입니까? 주님에 대한 사랑이 불타오를 때, 창조주이신 주님 안에서가 아니면 지상의 어느 것도 누구도 사랑할 수 없게 될 때, 주님께서 당하신 고통과 죽음 및 자신과 세상의 죄 때문에 슬픔에 잠길 때, 나는 위안을 경험하게 됩니다. 또 주님 안에서 믿음과 희망과 신뢰와 사랑의 덕이 자라고, 영에게 합당한 일에 마음이 끌리며, 갖가지 내적 즐거움이 커져 주님 안에서 내적 평화를 누리게 될 때 위안을 느낄 수 있습니다. 간단히 말해 어떤 생각이나 계획, 느낌, 또는 내적 충동이 나를 주님과 더 가깝게 이끌어 주고, 주님과 더 순조롭게 관계를 맺도록 해 주고, 그분을 알아보고 일치시켜 준다면 그것은 위안입니다.

그리스도인다운 삶을 살려고 애쓰는 사람과 성령의 이끄심에 따라 살려고 애쓰는 사람에게 위안은 내적 체험을 평가하는 매우 유용한 기준입니다. 기도 중에 주님을 대면하고 신앙과 희망과 사랑의 눈으로 그분을 바라보고 있으면, 이 특정한 생각, 계획, 충동이 나를 얼마나 편하게 만들어 줍니까? 예수님을 관상하면서 이러한 생각과 충동을 그분께 봉헌하면, 그분과의 관계에서 나는 얼마나 편안함을 느낍니까? 관상 중에서 이런 특정한 것을 주님께 바칠 때 그것이 옳다는 생각이나 평화로움, 혹은 기쁨이나 즐거움을 느끼게 됩니까? 이냐시오가 말하는 위안을 갖게 된다면, 그 위안은 분명히 주님에게서 온다는 표시일 것입니다.

이냐시오는 주님에게서 나를 멀리 떼어 놓는 것을 "고독"(desolation, 황량함)이라고 부릅니다. 죄를 향한 유혹, 어떤 양상이든 내가 주님에게서 멀어지는 것, 마음속의 그늘진 우울함, 혼란스러움, 주님을 신뢰하지 못하게 만드는 것, 믿음과 희망의 부족, 사랑의 냉담함 등이 그것입니다. 간단히 말해 고독은 위안과 반대되는 것입니다. 그렇다면 고독은 십자가의 성 요한이 말하는 "어두운 밤"과 같은 것일까요? 그렇지 않습니다. 어두운 밤의 기도 속에서는 서로 다른 시간에 위안과 고독을 각각 체험할 수 있습니다. 어두운 밤은 주님 안에서 참다운 평화로움과 쉼을 누리는 시간으로, 그 안에서 주님과 깊이 일치하게 되기에, 사실은 위안의 시간입니다.

식별을 위한 몇 가지 규칙

먼저 영적 고독의 시간, 하느님에게서 멀어졌다고 느끼는 시기에는 위안의 시간에 정했던 목적이나 결정을 바꾸면 안 됩니다. 혹시 자신이 지닌 선량한 지향을 바꾸도록 유혹을 받는다면, 오히려 그 유혹과 반대로 행동하여야 합니다. 예를 들어 기도와 단식을 더 많이 하면서 말입니다. 고독 속에서는 마음을 겸손하게 하면서, 자신이 얼마나 무력하고 약한지, 그리고 나에 대한 주님의 사랑을 느끼지 못할 때라도 — 특히 그런 때 — 얼마나 많이 그분 사랑의 권능에 의지해야 하는지 배워야 할 것입니다. 고독 속에서는 인내심을 가지고 주님께서 다시 나를 위로해 주실 시간을 기다려야 합니다.

위안의 시기에는 다가올 고독의 어려운 시기를 대비해서 힘을 모아 두어야 합니다. 자신이 얼마나 하느님께 의존해 있으며 그분의 위안 없이는 얼마나 무력한지 인식하고, 주님 앞에서 겸손한 마음을 지녀야 할 것입니다.

위안은 당신과 더 깊이 일치시키고 구원하기 위해 주님께서 주시는 것입니다. 고독은 어떤 식으로든 궁극적으로 악마에게서 오는 것인데, 나로 하여금 내가 얼마나 나쁜지 생각하게 해서 악마가 나를 증오하는 것처럼 나도 스스로를 증오하게 만들려는 것입니다. 그렇다면 왜 주님은 고독을 허락하실까요? 그 이유는 무엇입니까?

이냐시오는 세 가지 중요한 이유를 제시합니다《영신수련》 322번). 첫째는 내가 주님과의 관계와 기도 생활에 대하여 염증을 느끼기에, 내 잘못으로 위안이 떠나는 것입니다. 둘째는 주님께서 나를 시험하시고, 시련 속에서 나를 단련시키며, 코치가 달리기 선수를 계속 훈련시키는 방식으로 힘을 기르도록 나를 도와주시는 것입니다. 셋째는 내가 겸손을 배우도록 하시는 것입니다. 내가 얼마나 주님께 의존해 있으며, 나 혼자는 얼마나 보잘것없는지 겸손하게 인식하도록 도와주시는 것입니다. 고독은 내가 스스로의 덕과 의로움, 외견상의 착한 생활이라는 모래 위에 집을 짓지 않게 해 주고, 오히려 내 삶의 반석이신 주님 위에 견고하게 집을 짓도록 이끌어 줍니다.

가능한 속임수에 대한 문제

식별에 오류가 전혀 없는 것은 아닙니다. 식별 자체를 다시 심사하고, 검토하고, 평가해서 수정해야 할 필요가 종종 있습니다. 이 문제는 이냐시오가 이미 말한 것처럼, 악신이 "광명의 천사"처럼 위장하고 나타날 수 있기 때문입니다. 악신은 처음에 선하고 거룩한 생각을 불러일으킨 후 차츰 자신의 본성을 드러내면서, 거기에 숨겨진 거짓과 죄를 향하여 나를 이끌어 가기도 합니다.

그러므로 떠오른 생각의 시작뿐 아니라 전개 과정, 그 끝까지 세심히 살펴보아야 합니다. 시작과 중간과 끝이 완전히 선해서 올바른 것을 향하고 있다면, 그것은 분명히 선신의 영향입니다. 하지만 선한 생각이 시초의 의도와 다르게 악하거나 혼란스럽거나 덜 선한 모습으로 끝맺는다면, 혹은 나를 혼란스럽게 하고 주님 안에서의 평화를 앗아가 버린다면, 그것은 악신에게서 오는 것이 틀림없습니다.

그렇다면 과연 악신도 자신의 사악한 목적을 위해 나에게 위안을 줄 수 있을까요? 그렇기도 하고 그렇지 않기도 합니다. 처음에 주님에게서 오는 듯한 좋은 생각과 계획을 불러일으켜서 점차 자신의 목적으로 이끌어 가기 위해 위안을 줄 수도 있습니다. 하지만 악신은 미리 합당한 원인이 없이 위안을 심어 주지 못합니다. 달리 말해 위안이 갑자기 나에게 생기고, 혹시 함께 떠오르는 생각이나 인식이 그러한 큰 위안을 불러일으키기에 충분한 것 같지도 않아 도무지 그 위안에 대해 아무런 설명도 할 수 없으면, 나는 확실히 그 위안이 선신이나 주님에게서 오는 것이라고 믿을 수 있습니다.

몇 가지 예를 들어 보겠습니다. 많은 사람이 성령 쇄신 모임에 참여해서 성령을 넘치게 받을 때(소위 '성령 세례'라고 부르는 것을 받을 때) 커다란 위안과 기쁨, 강렬한 평화, 주님과의 친밀함을 체험합니다. 혹시 이 위안이 순간의 기쁨과 그 기도 환경을 넘어서 오래 지속된다면, 그것은 분명히 주님에게서 오는 위안이라고 확신해도 좋습니다. 또는 기도 속에서 주님의 손길을 체험하면서 그분에게서 온다고 확신하는 강한 사랑의 열정이 일어나고, 때로는 이와 더불어 어떤 인식이나 행동에 대한 계획이 떠오르거나 그 '손길'이 기도하는 순간을 넘어서 오래 지속된다면, 그것은 틀림없이 주님에게서 오는 위안입니다.

악신은 합당한 원인이 없는 위안 안에서 광명의 천사로 위장해 나에게 다가올 수 있을까요? 그렇습니다. 악신은 먼저 떠오른 생각을 약간 수정해서 외견상 선하게 보이는 대안을 제시하거나 자신의 계획과 거짓으로 나를 속이고, 어리석게 만들어 자신의 목적을 이루도록 나를 이끌어 갑니다. 그러므로 식별에는 시간이 필요하고, 특별히 중요한 일을 식별하려면 시간을 충분히 가져야 합니다. 과연 그것이 주님에게서 오고 합당한 원인이 없는 위안이 오더라도, 후에 내가 어떻게 느끼는지 감안해서 그 생각이 어떻게 진행되는지 시작뿐 아니라 중간과 끝을 조심스럽게 평가해야 합니다. 식별 자체를 식별할 필요도 있습니다. 식별할 때, 특히 식별 자체를 식별할 때는 기도의 동반자나 정기적으로 만나는 고해 신부, 혹은 영성 지도자가 도울 수 있습니다.

기도

주 예수님, 저에게 영신식별을 가르쳐 주십시오.
저에게 당신의 성령에게서 오는 충동이나 이끌림을,
세속적이고 육적이고 악신에게서 오는 것으로부터
구분할 수 있는 은혜를 주십시오.
주님, 저에게 은혜를 주셔서
여러 생각이나 계획, 마음속에 떠오르는 충동이
진정 당신에게서 오는 것인지
저울로 재어 평가할 수 있도록 이끌어 주십시오.
주님, 저는 세상이 주는 지혜를 원하지 않습니다.
저에게 식별의 은혜를 주시고,
생각과 느낌의 원천을 사랑스럽게 바라볼 수 있는
지혜를 주십시오.
주님, 저에게 당신 성령에 따라
판단할 수 있는 식별의 지혜를 주십시오.
아멘.

제9장

영신식별: 결정하기

이냐시오 로욜라는 영신식별의 규범을 의사 결정 과정에 적용합니다. 나는 결정을 내릴 때 악신에게서 오는 생각과 충동을 따르지 않고, 선신에게서 오는 생각과 자극에 따라 결정을 내리기 원합니다. 나는 어떤 특정한 경우 혹은 상황에서 하느님의 뜻이 무엇인지 알고 싶습니다. 주님은 지금 내가 무엇을 하도록 부르시는가? 나에게 제시된 여러 가능성 중에서 어떤 것이 주님에게서 오는가?

영신식별은 바로 이러한 특정 상황에서, 지금 여기에서 주님의 부르심을 식별하기 위한 기반이 됩니다. 나는 어떻게 영신식별에 근거해서 중요한 결정을 내릴 수 있을까? 어느 특정한 상황에서 나를 위한 하느님의 뜻을 어떻게 알 수 있을까?

결정을 내리기

이제 내가 어떤 중요한 문제에 대해 하느님의 뜻이 무엇인지 식별하고 싶어 한다고 합시다. 나는 벌써 관련된 정보와 타당한 사실을 많이 수집했습니다. 그리고 이미 필요해서 한두 사람에게 의견을 물어 보았습니다. 어쨌거나 나는 그 문제를 충분히 이해하고 있습니다. 하지만 아직 결정을 내리지 못하고 있습니다. 이 특별한 문제에 관해 주님은 내가 무엇을 하기 원하시는지 잘 모르겠습니다. 이미 기도하면서 주님께 빛과 인도를 구하였고, 마련한 정보를 숙고하였으며, 관련 문서나 책을 보고 여러 사람에게 의견도 물어 보았으며, 찬성 또는 반대하는 이유도 적어 보았습니다. 이제 나는 하느님께서 나에게 원하시는 것을 알아내기 위해 결정을 내립니다.

예수님은 내 삶의 주인이십니다. 나는 그분께 내 결정을 가져가 그분의 주권 앞에 그것을 펼쳐 놓습니다. 믿음과 사랑으로 주님을 바라보는 아주 짧은 관상의 시간에 그분과 함께 그 문제를 검토합니다. 논리적이고 합리적인 방법을 통하지 않고, 나를 위한 그분의 사랑이 담긴 기도 분위기 속에서 문제를 검토하는 것입니다. 예수님과 함께 마치 그분을 관상하고 바라보는 것처럼 주어진 여러 대안을 바라보고, 내가 선택한 결정을 바라봅니다. 그리고 내가 내릴 수 있는 다양한 결정을 예수님께 들어 올립니다. 그 하나하나에 대해 주님과 나의 관계라는 맥락에서 내가 어떻게 느끼는지 알아보십시오.

이러한 방법으로 나에게 열린 가능성 하나하나에 대해 영신식별을 실천할 수 있습니다. 이러한 식별 과정의 목적은 어떠한 가능성과 결정이 주님의 영감에 따라 이루어지고, 그분의 성령에 기원을 두며, 그분이 나에게 원하시는 행위가 무엇인지 알고자 하는 데 있습니다. 이때 제기된 문제의 중요성에 따라 상대적으로 여러 번 반복해서 결론에 도달하는 게 보통입니다. 매일 몇 분 동안 한 번 혹은 두 번씩 모든 가능성을 주님께 들어 올려, 각각의 원천이 선한지 그렇지 않은지 식별합니다. 이를 행할 때에는 나를 향한 주님의 사랑을 진지하게 받아들이면서 주님이 원하시는 것을 찾아내고자 진심으로 원하고, 진지함과 신뢰심을 지니고 그분께 여쭈어 보아야 합니다.

이것을 어느 정도 하면, 때로는 처음부터 그중 하나에 대해 위안을 느낄 수 있습니다. 가능한 하나의 결정에 관해 주님을 바라보면, 일관성 있게 옳다는 확신이 듭니다. 또는 꾸준한 평화와 조화로움을, 때로는 마음속에서 기쁨과 참다운 즐거움을 느끼기도 합니다. 이러한 것들이 바로 그 특정한 가능성이 선신에게서 왔다는 표시입니다.

결정 과정의 핵심

핵심은 다음과 같습니다. 주님의 현존 안에서 선택할 수 있는 각 가능성에 대해 얼마나 편안함을 느낍니까? 얼마나 확신할 수 있습니까? 아마 완전히 확신하지는 못할지 모르겠습니다. 내가 내려야만 하는 특정하고 가능한 결정을 잠정적으로 정하여 며칠 동안 지내며 시험해 보고, 그것이 진실로 주님에게서 오는 것인지 그분이 확인해 주시도록 기다립니다. 만일 그렇다면 위안은 계속될 것입니다. 나는 얼마 동안 계속해서 내가 식별한 바를 조사해 봅니다. 그런 다음 그 결정을 실행에 옮깁니다.

나는 주님을 신뢰해야 하고, 내 마음속에 계신 그분의 성령을 신뢰해야 합니다. 성령께서는 나의 내적 체험의 본질인 사랑을 통하여 내가 알 수 있게 해 주실 것입니다. 그분은 내 머리와 마음에 있는 어떤 생각이 당신의 영감을 따르는 것인지 보여 주실 것입니다. 내가 본성적으로 좋아하고 싫어하는 것, 맛, 두려움, 편견, 느낌을 선신과 악신의 움직임에서 구분하여 가려내는 데는 시간이 좀 걸리고 때로는 며칠씩 걸리기도 합니다. 그럼에도 마지막에 내 결정이 옳았다고 완전하게 확신하지는 못합니다.

혹시 그럴 수 있을까? 어떤 의미에서는 그렇습니다. 주님이 원하시는 내 선택은 바로 그분이 나에게 원하시는 행위라고 내가 생각하는 그것입니다. 그렇습니다. 내가 생각하는 것을 행하면, 혹시 그것이 나를 위한 그분의 뜻이라고 완전히 확신하지 못하더라도, 나는 분명히 나를 위한 그분의 뜻을 행하는 것입니다.

만일 내 결정에 다른 사람이 관여한다면, 그와 함께 기도해야 합니다. 남편과 아내가 함께 결정해야 합니다. 그런 경우에는 각자가 식별해야 할 필요가 있고, 함께 기도하면서 각자 기도 중에 식별한 결과를 모아야 합니다. 단체가 결정하는 경우에도 구성원 각자가 식별해야 할 필요가 있습니다. 두 사람이나 그 이상의 사람들이 함께 결정해야 할 때는 다음과 비슷하게 공동 식별 과정을 진행합니다. 먼저 각자가 기도하며 식별합니다. 그 뒤에 함께 모여, 토론이 아니라 수렴하기 위하여 돌아가며 기도 중에 내린 각자의 결론을 듣습니다. 그리고 함께 기도합니다. 만장일치에 도달하지 않았으면, 그렇게 될 때까지 또는 어떤 종류의 투표를 행할 때까지 그 과정을 반복합니다.

식별과 결정의 기반

주님은 나의 내적 체험 속에서 무엇이 선신에게서 오고 무엇이 그렇지 않은지 식별하도록 부르십니다. 그리고 그 식별에 기반을 두고 당신과 의논하여 특별히 중요한 문제에 관해 결정을 내리도록 부르십니다. 그런데 영신식별을 하기 위해서 내 삶에서 이루어야 하는 특별한 조건이 하나 있습니다. 나는 기도하는 사람, 더 나아가 관상기도를 하는 사람이어야 한다는 점입니다.

영신식별은 매우 확고한 관상적 차원에서 이루어집니다. 영신식별의 과정에서 근본이 되는 관계는 주님과 갖는 인격적이고 관상적인 관계입니다. 내가 정기적으로 기도하며 살지 않는다면, 정기적으로 관상기도를 하지 않는다면 영신식별과 식별에 기반을 둔 결정 과정에 꼭 필요한 주님과의 관계가 성립되지 않았을 것입니다.

다른 방식으로 말해서 영신식별을 실천하기 위해서 나는 매일 관상기도를 해야 하고, 내 삶에서 관상기도의 시간과 마음의 자유, 주님과의 관계 속에 깃든 어린이다운 단순함(제1장에서 언급한 것과 같이) 등과 같은 관상의 조건을 충족시켜야 합니다. 주님을 관상하는 데 정기적으로 충실하게 시간을 바치지 않는다면, 무엇이 선신에게서 오고 무엇이 그렇지 않은지 식별하기 위해 필요한 그분과의 인격적 관계가 도무지 없을 것입니다. 내 마음이 자유롭지 못하면 무질서한 애착에 사로잡혀 식별을 실천할 수 없습니다. 내 소유욕이 나를 사로잡아 내 이기심을 충족시키는 가능성에 나를 묶을 것입니다. 나는 그것이 선신에게서 오는 것이라고 스스로 말할지 모릅니다. 그렇지만 나는 그 선택에 대한 올바른 위안과 꾸밀 수 없는 평화를 체험하지 못하고, 선신에게서 오는 위안도 맛보지 못할 것입니다. 내가 주님과의 관계에서 어린이다운 단순함을 지니지 못하면, 어떻게 내가 신앙과 신뢰와 사랑의 눈으로 조용하고 단순하게 그분을 바라볼 수 있겠으며, 어떠한 생각이 진정 그분에게서 오는지 찾아낼 수 있겠습니까?

내가 생활 중에 습관적으로 관상기도를 하고 있다면, 나의 내적 체험을 효과적으로 평가할 수 있어 영신식별을 통해 올바른 결정에 다다를 수 있습니다. 그뿐 아니라 그 영신식별은 내 삶 전체에 스며들어 그것을 넓혀 줄 것입니다. 내가 오랫동안 습관적으로 내 마음속에서 활동하는 영을 식별하고 선신에게서 오는 것을 식별해서 행동한다면, 그 후에는 내가 무엇을 하든 무엇을 선택하든 나는 늘 선신이 이끄는 대로 따르는 법을 배우게 될 것입니다. 성령께서 나를 이끄시는 방법에 따라 선택하고 행동하는 법을 배우게 될 것입니다. 그래서 나는 '성령을 따라가게' 될 것입니다. 나는 관상적으로 살고, 내 눈은 늘 주님을 향하고, 그분의 영을 따라가게 될 것입니다. 내 삶 전체는 예수님을 위한 선택이 될 것입니다.

성령을 따라감

성 바오로는 우리에게 이렇게 말합니다. "우리는 성령으로 사는 사람들이므로 성령을 따라갑시다"(갈라 5,25; 참조 5,16). 성령으로 산다는 것은 내 안에 하느님의 새 생명을 지닌다는 것, 새 창조물로서 새로운 양식으로 '존재한다'는 것을 의미합니다. 성령을 따라간다는 것은 특정한 양식으로 '행동'하는 것, 그 방향으로 움직여 가는 것, 매일의 행동 속에서 영신식별을 하며 사는 것을 의미합니다.

내가 성령을 따라 살게 되면, 나는 정말 자유로워집니다. 어떤 결정을 내려도 그것은 결코 내 행동을 규정하고 나를 얽매는 규칙이나 법 때문에 내린 것이 아닙니다. 나는 법의 굴레에서 자유로워졌습니다(로마 8,3 참조). 법이 나를 강요해서가 아니라 성령께서 주님이 원하시는 것을 선택하고 행하는 힘을 주셨기에, 나는 법이 행하라고 요구하는 것에서 자유로워졌습니다. 나의 선택은 무엇이 옳다는 지식에 바탕을 둔 '머리에서 선택한 것'이 아니라, 주님께서 나에게 하라고 부르시는 것을 사랑으로 아는 것에 기반을 둔 '마음에서 선택한 것'입니다.

나는 성령의 내적 법에 따라 행동합니다(로마 8,2 참조). 그래서 "무릇 육을 따르는 자들은 육에 속한 것을 생각하고, 성령을 따르는 이들은 성령에 속한 것을 생각합니다. 육의 관심사는 죽음이고 성령의 관심사는 생명과 평화입니다"(로마 8,5-6). 성령께서는 기도할 수 있게 나를 도와주십니다. "성령께서도 나약한 우리를 도와주십니다. 우리는 올바른 방식으로 기도할 줄 모르지만, 성령께서 몸소 말로 다할 수 없이 탄식하시며 우리를 대신하여 간구해 주십니다"(로마 8,26). 내 안에서 기도하시는 성령과 더불어, 나는 주님께 나의 선택을 이끌어 주시도록 청하고, 결정을 내리도록 도와주시길 청하고, "하느님의 영의 인도를"(로마 8,14) 받아 결정할 수 있습니다.

내가 성령에 의해 새로워지고 "새로 태어났기에"(1베드 1,3.23), "그리스도 예수님 안에서"(에페 2,10) 생긴 새로운 창조물이기에, 성령을 통해 하느님의 생명 안에서 신비로운 삶을 누리고 있기에, 나는 주님께서 나에게 원하시는 것을 향해 조율되었습니다. 내 삶은 하느님의 관점에서 그분이 원하시는 것을 향해 놓였기에, 나는 무엇이 옳은 선택인지 즉시 알고 느낄 수 있습니다. 그리고 언제 성령께서 나를 이끄시는지 알게 되고, 언제 성령 안에서 선택하고 결정하는지도 알게 되었습니다. 왜냐하면 "사랑, 기쁨, 평화, 인내, 호의, 선의, 성실, 온유, 절제"(갈라 5,22-23) 등 성령의 열매인 위안을 체험하기 때문입니다.

기도

주 예수님, 저에게 당신의 길을 가르쳐 주십시오.
제가 항상 당신 성령 안에서 거닐도록 가르쳐 주십시오.
당신 은총의 도우심으로, 저의 모든 선택이
당신을 주님으로 선택한 근본적 선택과
일치하도록 해 주십시오.
저의 모든 결정이, 제 일상의 잔잔한 결정과
중대한 결정 모두 당신 성령에 합치되고,
당신의 마음속에 있는 저를 위한 계획에
합치되도록 해 주십시오.
무엇이 당신에게서 오는 것이고
무엇이 그렇지 않은지 식별하면서,
당신과 의논하면서 삶의 중요한 결정을 내리도록
가르쳐 주십시오.
올바른 선택을 내리고,
매일의 작은 결정에서도
저의 마음속에 계신 당신의 성령과 일치하는
선택을 내리도록 가르쳐 주십시오.
당신의 성령에 따라 거닐고,
성령의 열매인 위안을 체험하도록 가르쳐 주십시오.

당신의 성령이 마음속에 불어넣어 주시는 사랑의 위안,
당신께서 주시는 기쁨과 평화의 위안,
당신의 성령이 저에게 부여하시는
인내와 선함과 친절함의 위안,
그리고 당신의 이끄심에 대한 근본적 신뢰에서
흘러나오는 온유함과 자기 절제의 위안을 체험하도록
가르쳐 주십시오.
당신의 성령에 따라 거닐도록 가르쳐 주십시오.
아멘.

제10장

영신식별: 영적 투쟁

이냐시오 로욜라가 《영신수련》에서 사용하는 여러 은유 중에서 그리스도인의 삶을 묘사하는 데 가장 적합한 것은 아마 전쟁의 은유일 것입니다. 그리스도교의 삶을 예수 그리스도와 함께 어둠의 세력에 대항해서 벌이는 전쟁으로 보는 이 비전은 '영신식별의 규범'에 전반적으로 깔려 있고, 특히 "두 개의 깃발에 대한 묵상"《영신수련》 136-148번)에서 극적으로 표현됩니다. "두 개의 깃발에 대한 묵상"은 사탄과 예수님이 각각 자신의 깃발 아래 나름대로 작전과 계략 및 승리하기 위한 전략을 지닌 군대의 사령관으로 대치하고 있는 모습을 상상하면서 전개되는 묵상입니다. 이 묵상을 하는 사람은 묵상을 마치면서 모든 것에서 예수님을 본받고자 하고 그분의 깃발 아래 받아들여지도록 정식으로 청합니다 (《영신수련》 147번).

전쟁의 은유를 통해 이냐시오는 주님을 향한 충성심, 자기를 희생하는 관대함, 자기를 아끼지 않는 봉사, 어둠과 어려운 시기에 지니는 용기와 신실함 등 그리스도인의 삶에서 중요하다고 여겨지는 여러 가지를 강조합니다. 그리고 이 은유는 악마의 존재와 흉계를 실제로 이해하도록 이끌어 줍니다.

많은 경우에 그렇습니다만, 대화의 주제가 악마나 악마적인 것으로 옮겨갈 때, 나는 악마의 존재를 더는 믿지 않는 사람들을 만나게 되고 스스로 놀라게 됩니다. 그들은 악마나 악신을 중세의 유물로 여기고, 단지 세상의 악에 대한 상징에 불과하다고 생각합니다. 악을 거의 체험하지 못한 사람들 때문에 나는 놀랍니다. 그들은 죄와 악을 분명히 만났습니다만, 죄악의 신비 그 핵심에 자리 잡은 개인적 악의 힘을 체험하진 못했습니다.

반면에 악마의 활동을 무시하는 순진한 사람들도 위험합니다. 그들은 마치 적의 존재도 모른 채 아무 무기도 없이 전쟁터에 나가는 것과 같습니다. 그러면 부상을 당하게 되고, 그들을 보호해야 하는 주위 사람마저 상처를 입을 수 있습니다. "우리의 전투 상대는 인간이 아니라, 권세와 권력들과 이 어두운 세계의 지배자들과 하늘에 있는 악령들입니다"(에페 6,12). 그러므로 바오로 사도의 충고를 따라 "악마의 간계에 맞설 수 있도록 하느님의 무기로 완전히 무장하십시오"(에페 6,11).

이 무기는 바로 믿음, 희망, 사랑, 진실, 의로움, 평화의 복음, 하느님의 말씀입니다. 또 이것은 그리스도교 전통의 일상적 사목 실천으로 구성됩니다. 이 전통에 있는 중요한 요소로서 우리가 이미 잃어버린 것 중 하나가 '구마 예식'입니다. 우리는 모두 이것에 익숙해져 우리 삶에서 악의 현존에 대항해 효과적으로 싸울 수 있어야 합니다.

악신의 존재

신학은 그동안 신약성경에 나오는 구마의 현대적 의미를 우리에게 밝혀 주는 데 둔한했습니다. 예수님은 당신과 함께 계셨던 성령에 힘입어 악령을 쫓아내셨고, 그분이 행하신 구마 기적은 바로 하느님 나라의 현존을 알리는 행위였습니다. "내가 하느님의 영으로 마귀들을 쫓아내는 것이면, 하느님의 나라가 이미 너희에게 와 있는 것이다"(마태 12,28). 더욱이 예수님은 악마를 쫓아내도록 제자들을 가르치셨습니다.

성경 자료에 압도적으로 나타나는데도 신학이 그동안 사탄과 악신의 존재와 인격화된 악의 존재를 등한했지만, 교회의 가르침은 악마 혹은 악마들의 존재에 대해 줄곧 언급해 왔습니다. 1972년에 교황 바오로 6세는 분명하게 말씀하셨습니다. "악은 결코 어떤 것의 결핍이 아닙니다. 스스로 변절되어 있는 그것은 다른 것도 변절시키기 위해 효과적으로 활동하는 살아 있는 영적 실체입니다. 끔찍한 실체로서, 신비스러울 정도로 무시무시한 존재입니다. … 우리는 이것을 어둡고 불행스러운 인간의 역사를 통해서 잘 알고 있습니다. … 그것은 단지 교활함의 문제가 아닙니다. 그것은 인간의 역사에 오류와 불행을 심는 보이지 않는 원수입니다. … 그것은 단지 한 악마의 문제가 아니라 무수한 악마들의 문제입니다. … 악마와 그것이 개개인뿐 아니라 공동체, 인간 사회 전체, 사건에 끼치는 영향이란 문제는 가톨릭교회의 매우 중요한 가르침의 일부입니다"(로세르바토레 로마노, 1972년 11월 23일).

악신은 세상에서 약간 애매하긴 하나 중요한 역할을 하고 있습니다. '이 세상의 왕자'는 자신이 지니고 있는 힘을 주로 개인 안에서 행사합니다. 그는 유혹자이고, 농락꾼이며, 악을 권하는 자이고, 악한 일을 꾸미는 자입니다. 그는 속이고 눈을 멀게 하며 타락시킵니다. 그는 거짓말쟁이의 '아비'이며 살인자로서 형제와 자매를 사랑하지 못하게 합니다.

신학자들은 개인에게 미치는 악마의 영향에 관해 마귀 들림(possession), 압박(oppression), 유혹(temptation)으로 구분합니다. 마귀 들린 표시에 관해서는 《로마 전례서》의 '구마 예식' 부분에 다음과 같이 열거되어 있습니다. 전에 배우지 않은 언어를 알아듣거나 말하는 것, 미래나 멀리 있는 것을 보는 것, 상상을 초월하는 힘 등인데, 이것들이 합쳐서 나타날 때는 더욱 그러합니다. 마귀 들리는 경우는 극히 드문 것 같습니다. 어느 교구의 공식 구마 담당 신부인 예수회 신부는 20년 이상 구마를 행했으나 마귀 들린 경우를 한 번도 본 적이 없다고 말합니다.

압박은 한 악마 혹은 여러 악마가 한 사람에게 힘을 행사하여 조종하는 것을 말하는데, 때로는 괴롭히고 때로는 엄청난 힘을 주기도 하지만, 그의 자유로운 선택을 완전히 혹은 거의 완전하게 빼앗지 못하는 경우입니다. 드물지만 이 압박이 심한 경우는 마귀 들린 상태처럼 보일 때도 있습니다. 조금 덜 심한 경우는 흔한데, 증오나 분노, 후회, 탐욕, 성욕 등의 습관적 죄의 경우에 나타나는 명백한 충동으로 설명할 수 있습니다. 언제나 그렇지는 않습니다만 대개의 경우 습관적 두려움, 슬픔, 비합리적 죄책감, 걱정, 세심증 등으로 설명할 수 있기도 합니다. 유혹이 갑작스럽거나 강하고 견고해서 자연스럽고 조리 있게 설명하기 어려운 경우에는 악마가 특별히 간섭하는 것이라고 결론을 내릴 수 있을 것입니다. 이러한 경우에 악마의 간섭을 '압박'이라고 부릅니다.

유혹은 세상에서 올 수도 있고, 육적인 것이나 악마에게서 올 수도 있습니다. 악의 행위에서 오는 부분적 혹은 전폭적 유혹은 일시적으로 왔다가 사라질 수도 있고, 또는 압박과 비슷한 양상으로 짜증날 정도로 꾸준하게 다가올 수도 있습니다. 대개의 경우 이질성이라든가 비합리성 혹은 이상함 등이 섞인 충동적 힘으로 나타나기에, 유혹이 악마에게서 기원하였음(부분 혹은 전부)을 알아볼 수 있습니다.

하지만 현대 심리학이나 정신의학이 전에 악마에게서 나왔다고 부르는 많은 행동의 심리적 기원을 다 밝히지 않았습니까? 악마의 존재를 인정하고 또 그것이 인간의 행동에 영향을 준다는 것을 인정한다고 하더라도, 무엇이 악마의 영향이고 무엇이 정신질환 또는 신경증인지 어떻게 알 수 있습니까? 혹시 정신질환을 악마의 압박이라고 진단해서 더 나쁜 결과를 초래하게 되지 않을까요?

　정신질환과 악신의 영향은 분명히 다릅니다. 모든 악마의 영향을 정신질환으로 축소해서도 안 되고, 모든 정신질환을 악마의 일로 취급해서도 안 됩니다. 실제로 문제의 기원을 정확히 알기는 거의 불가능할 정도로 어렵습니다. 정신질환과 악마의 영향은 서로 엉켜 있을 수 있습니다. 그래서 사목상 주어진 상황에서 가장 합당하다고 여겨지는 것을 해야 하고, 해결의 실마리를 제시해 주는 듯한 것을 따라야 합니다. 이것은 심리치료에도, 정신치료에도, 악신을 향해 권위를 행사할 때에도 적용됩니다.

악신을 제어하는 권위

악마와 그 앞잡이가 존재한다는 사실을 이해하려면 예수님의 부활이 거둔 승리의 빛 아래에서 그들을 보아야 합니다. 주님께서 공생활 기간뿐 아니라 특히 부활을 통해 악을 압도하는 그리스도의 승리를 보여 주셨기에, 우리는 하느님과 악마에 대한 마니교적 이원론을 피할 수 있습니다. 하느님께서 승리하셨고, 악마는 이미 패배했습니다. 우리는 그리스도인으로서 어둠의 세력을 이기신 그리스도의 승리를 함께 나눕니다. 우리는 그분의 것이요 그분 지체의 한 구성원으로서 그분의 승리가 가져다 준 은총을 나누어 받기에, 악신을 제어하는 권한을 받은 것입니다.

예수님은 악마와 악신을 제어하는 권한을 사용하도록 우리에게 주셨습니다. 그분이 당신의 교회와 모든 그리스도인에게 주신 그 권한에는 그것을 주신 그분의 힘이 들어 있습니다. 그렇기 때문에 우리에게 주신 예수님의 권한을 치장해서 소리를 지른다거나, 악신과 대면하기 위해 이것저것 애쓸 필요가 없습니다. 그 권한은 자체로 충분한 힘을 지니고 있기에, 차분하고 조용하고 간단하게 사용하면 됩니다.

개신교의 오순절 전통에서는 때로 악을 제어하는 그리스도인의 권한을 마치 연극하듯 극적으로 보여 주기도 했습니다. 이런 양상이 새 오순절 운동이나 가톨릭 성령 쇄신 운동의 여기저기에서 이따금 보입니다. 이교도의 종교, 특히 범신론적 종교에서 구마 예식은 매우 연극적인 형태를 취합니다. 나는 우간다의 무당이 구마 예식을 행하는 것을 본 일이 있는데, 노래를 하고 소리를 지르며 북을 치더군요. 아마 악신을 놀라게 해서 쫓아내는 모양입니다. 반면에 가톨릭 전통은 품위 있게 하려는 것이 아니라 경험에 입각하고 예수님의 이름이 지닌 권위를 믿기 때문에, 늘 온건한 형태를 취해 왔습니다. 예수님이 우리에게 주신 권한을 치장할 필요가 없고, 그분에 대한 신앙으로 그 권한을 확고하게 사용해야 합니다.

악마를 쫓아냄

악신이 인간을 공격하는 가장 평범한 방법은 유혹하는 것입니다. 모든 유혹이 다 악마에게서 오는 것은 분명히 아니고, 특정한 유혹이 그렇습니다. 악마에게서 오는 듯한 유혹을 없애려면 이냐시오 로욜라가 《영신수련》에서 '영신식별의 규범'에 제시한 충고를 사용할 수 있습니다.

　영신수련에서 이냐시오는 악마를 "인간 본성의 원수"라고 부릅니다. 이냐시오는 결코 악마와 그 앞잡이를 착각하지 않았습니다. 그가 제시한 악신을 다루는 규범은 그 자신의 체험과 교회의 사목 전통에 입각한 것임을 알 수 있습니다. 이냐시오가 행한 구마 예식 장면이 로마의 예수회 신학원 건물 '이냐시오 방' 바깥 복도에 벽화로 그려져 있습니다. 여기에는 악마를 쫓아내는 이냐시오와 검은 나무조각 같은 것을 서너 개 토해 내는 사람의 모습이 그려져 있습니다. 천진스럽기도 한 이 그림에는 악마를 다루는 이냐시오의 모습이 냉혹하리만치 현실성 있게 묘사되어 있습니다.

이냐시오 성인은 '영신식별을 위한 규범'에서 "인간 본성의 원수"가 군대의 사령관처럼 행동한다고 가르칩니다. "우리의 주위를 돌아다니면서 우리의 모든 덕행 즉 신덕, 망덕, 애덕의 향주 삼덕, 슬기로움과 의로움과 용감함과 절제함의 사추덕 및 일반 윤리덕을 차례대로 조사해서, 어느 부분이 제일 약하고 또 어느 부분이 우리의 영원한 구원을 위하여 보다 필요한지를 발견하면, 그 부분을 공격해서 우리를 정복하려고 하는 것이다"(《영신수련》 327번). 우리는 약한 부분에서 유혹을 당할 것이라고 생각해야 합니다.

계속해서 이냐시오는 다음과 같이 씁니다. "마귀는 또 자기를 숨기고 발각되지 않으려고 하는 점에 있어서는 마치 연애 사기꾼 같기도 하다. 왜냐하면, 마치 불량배가 나쁜 의향을 가지고 달콤한 말로, 행세하는 가정의 아가씨나 유부녀를 꾀낼 때, 자기의 말이나 권면이 비밀에 부쳐지기를 원하고, 또 마음먹은 일이 이루어지지 않을까 염려하여 아가씨가 부친께 또는 아내가 장부에게 그의 꾀는 말이나 야심을 드러내는 것을 극도로 싫어하는 것처럼, 인류의 원수도

착한 영혼에게 음모와 유혹을 꾀할 때, 그것이 비밀로 받아져서 간직되기를 원하고 바라는 것이다. 그래서, 그 영혼은 경험이 풍부한 자기 지도신부나 혹은 마귀의 엉큼한 꾀와 나쁜 마음보를 잘 아는 영신 지도자에게 자기 사정을 밝히 알리는 것을 대단히 싫어한다. 그 이유는, 그의 흉계가 드러나게 되면 계획했던 나쁜 뜻을 이룰 수 없음을 알기 때문이다"(《영신수련》 326번).

이냐시오는 우리의 목적에 가장 잘 들어맞는 모습을 이렇게 묘사합니다. "원수의 마귀가 행동할 때는 여인과 비슷한 점이 있으니, 즉 힘은 약하지만 발악을 쓰는 데는 강하다. 왜냐하면, 여인은 보통 어떤 남자와 싸울 때에 남자가 무서운 태도를 보이면 용기를 잃고 도망치지만, 반대로 남자가 용기를 잃고 도망치기 시작하면, 여인은 더욱 골을 내고 욕질을 하면서 극도로 사나워져서 그칠 줄 모른다. 그와 같이 마귀도, 영신적 수련을 하는 사람이 원수의 유혹에 대하여 정면에서 반대하면서 용감한 기색을 보이면, 용기를 잃고 도주한다. 그러나, 반대로 수련하는 이가 겁을 내고 또 유감에 대항하는 데 용기를 잃기 시작하면, 인류의 원수는 세상에도 없을 맹수처럼 사나워져서 비열한 수법으로 흉악한 의도를 추진시키는 것이다"(《영신수련》 325번). 이냐시오가 여인의 다투는 모습을 어떻게 평가했든, 그는 악마의 특성을 분명히 이해했고 그의 충고는 실제적입니다.

그리스도교 전통에서 악마를 쫓아내는 방법은 오늘날에도 예전처럼 유효하고 쓸모 있습니다. 간단히 기도하면서 주님과 주님의 어머니께 도움을 청하고, 거기에 어떤 형태의 악마 혹은 악신이 있든 단순하게 명령하면 됩니다. 예를 들어, "예수님의 이름으로 명하니 즉시 나에게서 떠나거라" 또는 "두려움의 영아, 예수님의 이름으로 명하니 즉시 나에게서 떠나거라" 혹은 "분노(탐욕 등)의 영아, 예수님의 이름으로 명하니 떠나서 다시는 돌아오지 마라" 하면 됩니다.

주님께서는 모든 그리스도인에게 악신을 제어하는 권한을 주셨습니다. 그 권한은 효력이 있습니다. 우리는 악마에게서 오는 유혹으로부터 자신을 보호하기 위해서 그 권한을 사용해야 합니다. 한번은 어떤 사람이 나에게 도움을 청했습니다. 그는 성적인 문제와 관련되어 매우 심각한 죄에 빠져 있었고, 몹시 부끄러워했을 뿐 아니라 그 문제 때문에 대단히 허약해졌습니다. 죄에 대한 이상한 분위기 외에도 충동적 요소, 그리고 자신이 점점 자존심을 잃어 가면서 자신을 증오하게 되었다는 사실로 인해(악마는 항상 이것을 노립니다), 나는 그가 악마의 유혹을 받고 있다고 생각했습니다.

나는 그에게 다음에 그런 유혹을 받게 되면, 그가 권한을 지녔으니 예수님의 이름으로 악마에게 '떠나라'고 명령하라고 권했습니다. 그는 그렇게 했고, 그 후로 어려움이 사라졌습니다.

나나 다른 이에게나 혹은 어느 단체나 특정한 장소에서 악신의 현존을 느낄 때 또는 악신의 영향이 예측되는 이유가 있으면, 그것이 유혹의 양상이든 압박의 양상이든, 언제라도 예수님이 주신 권한을 사용할 수 있습니다. 예수님께 간단히 기도하면서 도움을 청하십시오. 그리고 "악령아, 예수님의 이름으로 명하니 즉시 떠나거라" 하고 명령하십시오. 그다음에는 나에게 혹은 유혹을 당했거나 압박을 당한 사람에게 성령의 넘치는 은총이 새롭게 부어지도록 기도하십시오.

아무것도 두려워할 것이 없습니다. 오히려 반대로 악신이 당신을 두려워합니다. 예수님 안에서 당신이 이미 그들을 제어해 승리한 것입니다. 주님께서 승리하십니다. 그렇기에 그분 안에서 당신이 승리하는 것입니다.

기도

주 예수님, 악마와 그를 위해서 일하는
모든 나쁜 영을 쫓아 보낼 수 있는 권한과
힘에 대해 감사드립니다.
예수님, 이 힘을 제게 주셔서 감사드립니다.
그 힘을 두려워하지 않고 잘 사용하도록 가르쳐 주십시오.
이 세상의 영적 전쟁에서 저를 당신 깃발 아래
당신의 곁으로 부르심에 감사드립니다.
저를 하느님께서 주시는 무기로 무장시켜 주시고,
허리를 진리의 혁대로 묶어 주시니 감사드립니다.
"진리로 허리에 띠를 두르고, 의로움의 갑옷을 입히시고
발에는 평화의 복음을 위한 준비의 신을 신겨 주시고,
무엇보다도 믿음의 방패를 주시고 구원의 투구를 씌워 주시고
성령의 칼을 쥐어 주시니"(에페 6,14-17 참조)
당신께 감사드립니다.
주님, 아무 두려움 없이 당신을 신뢰하며,
당신께서 저를 위해 흘리신
고귀한 피의 공적으로 보호를 받으며,
당신을 향하여 앞으로 나아가겠습니다.
아멘.

제11장

사랑과 식별

사랑은 그리스도교 정신의 가장 기본적이며 대표적인 특징입니다. 사랑은 지식보다 중요하며, 가장 높은 지식은 사랑을 통한 관상적 지식입니다. 가장 중요한 사랑은 하느님에 대한 나의 사랑이 아니라 나에 대한 하느님의 사랑입니다. 나를 위해 육화되어 드러내신 하느님의 사랑은 예수님의 마음을 통해 우리에게 다가옵니다.

예수님의 사랑

다음과 같은 질문을 할 수 있습니다. '예수님은 어떤 방식으로 우리 한 사람 한 사람을 사랑하시고, 나를 개별적으로 사랑하실까?' 이에 대한 답변의 실마리를 예수님의 가르침에서 찾아볼 수 있습니다. 그분은 원수를 사랑하고 우리를 미워하는 사람들에게 잘해 주며 우리를 저주하는 사람을 축복해 주고 우리를 학대하는 사람들을 위하여 기도하라고 가르치셨습니다. 뺨을 치는 사람에게 다른 쪽 뺨마저 돌려 대주고 누가 겉옷을 빼앗거든 속옷마저 내주며 달라는 사람에게는 주고 빼앗는 사람에게는 되받으려고 하지 말고, 남에게서 바라는 대로 남에게 해 주라고 가르치셨습니다(루카 6,27-31 참조). 이렇게 예수님이 가르치시는 근원적이고 도달하기 어렵고 극단적인 사랑의 방법이 틀림없이 그분께서 나를 사랑하시는 방법일 것입니다.

"너희가 자기를 사랑하는 이들만 사랑한다면 무슨 인정을 받겠느냐? 죄인들도 자기를 사랑하는 이들은 사랑한다. 너희가 자기에게 잘해 주는 이들에게만 잘해 준다면 무슨 인정을 받겠느냐? 죄인들도 그것은 한다. 너희가 도로 받을 가망이 있는 이들에게만 꾸어 준다면 무슨 인정을 받겠느냐? 죄인들도 고스란히 되받을 요량으로 서로 꾸어 준다. 그러나 너희는 원수를 사랑하여라. 그에게 잘해 주고 아무것도 바라지 말고 꾸어 주어라"(루카 6,32-35). 예수님의 이러한 말씀은 당신께서 어떻게 사랑하시는지, 특히 나를 어떻게 사랑하고 계신지 보여 줍니다. 내가 이기심에 사로잡혀 당신을 사랑하지 않을 때에도 그분은 완전하고 관대하게 나를 사랑해 주십니다. 하느님의 아들이며 그분의 계시이신 예수님은 성부의 사랑이 어떠한지 보여 주십니다. "그분께서는 은혜를 모르는 자들과 악한 자들에게도 인자하시기 때문이다"(루카 6,35). 성부께서 자비로우신 것처럼 예수님도 사랑으로 자비로우십니다(루카 6,36 참조).

예수님은 "남을 심판하지 마라. 그러면 너희도 심판받지 않을 것이다"(루카 6,37)라고 가르치십니다. 그래서 나는 그분이 나를 심판하지 않으실 것이라고 분명히 알고 있습니다. 그분이 남을 심판하지 말라고 가르치시기에, 그분이 나를 심판하지 않으실 것이 확실합니다. "남을 단죄하지 마라. 그러면 너희도 단죄받지 않을 것이다"(루카 6,37). 그래서 나의 태도가 얼마나 나쁘거나 나의 행동이 어떠했든 나를 사랑하시는 예수님은 결코 나를 단죄하지 않으신다는 것을 알고 있습니다. "용서하여라. 그러면 너희도 용서받을 것이다. 주어라. 그러면 너희도 받을 것이다"(루카 6,37-38). 예수님은 관대하게 용서하라고 가르치시고, 더 넓게 모든 것에서 관대하라고 가르치십니다. 당신 친히 용서해 주시면서, 우리도 용서해 주는 사람이 되라고 가르치십니다. 그래서 나는 그분께서 나를 용서해 주신다는 것을 분명히 알고 있습니다.

그렇다면 과연 사랑이란 무엇입니까? 사랑은 정확하게 무엇을 의미하고, 또 사랑을 어떻게 묘사할 수 있을까요? 성 바오로는 이렇게 대답합니다. "사랑은 참고 기다립니다. 사랑은 친절합니다. 사랑은 시기하지 않고 뽐내지 않으며 교만하지 않습니다. 사랑은 무례하지 않고 자기 이익을 추구하지 않으며 성을 내지 않고 앙심을 품지 않습니다. 사랑은 불의에 기뻐하지 않고 진실을 두고 함께 기뻐합니다. 사랑은 모든 것을 덮어 주고 모든 것을 믿으며 모든 것을 바라고 모든 것을 견디어 냅니다"(1코린 13,4-7). 나는 사랑에 대한 바오로 성인의 이러한 묘사를 통해, 나를 향한 예수님의 사랑을 더 깊이 이해할 수 있습니다. 나에 대한 예수님의 사랑은 어떠합니까? 그분은 나를 어떻게 사랑하십니까?

요한 복음을 통해 나는 하느님이 사랑이심을 압니다. 그리고 예수님이 하느님이심을 압니다. 예수님이 하느님이시고 하느님은 사랑이시기에, '예수님은 사랑이시다' 하고 말하는 것은 신학적으로도 정확하고 훌륭한 표현입니다. 그러기에 사랑에 대한 바오로 성인의 묘사에서 '사랑' 대신에 '예수님'을 넣어 말할 수 있습니다. 이렇게 하면 나를 사랑하시는 예수님의 모습이 묘사되지요. 예수님의 인격 명세서가 작성되는 것이기도 합니다.

예수님은 나를 어떻게 사랑하십니까? 그분은 오래 참으시고 친절하십니다. 그분은 자랑하지 않으십니다. 그분은 교만하지 않으십니다. 그분은 무례하지 않으십니다. 그분은 사욕을 품지 않으십니다. 그분은 성을 내지 않으십니다. 그분은 앙심을 품지 않으십니다. 그분은 불의를 보고 기뻐하지 않고 진리를 보고 기뻐하십니다. 그분은 모든 것을 믿고 모든 것을 바라고 모든 것을 견디어 내십니다.

이것이 바로 예수님이 나를 사랑하시는 방식이고 특성입니다. 더욱이 그분은 나에 대한 당신의 사랑 속에 사랑이신 당신 성령을 담아 보내 주십니다.

성령

성부의 사랑은 우리를 위하여 강생하신 예수 그리스도 안에서 우리에게 드러났습니다. 성부와 예수님의 사랑은 성령을 통하여 우리 마음속에 부어졌습니다(로마 5,5 참조).

예수님과 성부의 상호 사랑이 바로 성령이십니다. 예수님은 성부를 사랑하시고, 성부께서는 예수님을 사랑하십니다. 두 분이 서로 나누는 사랑은 사랑 자체이신 그 위격입니다. 그 위격이 성령이십니다. 하느님의 영이신 그분은 바로 하느님 자신이십니다.

예수님과 성부께서는 나에게 당신들의 성령을 보내 주셨습니다. 성령께서는 내 마음속에 머무르시면서, 성부를 향한 예수님의 사랑과 예수님을 향한 성부의 사랑 속에 나를 사로잡으십니다. 하느님의 내적 삶으로 나를 데려가시고, 성삼위가 이루시는 사랑의 공동체 삶으로 이끌어 주십니다. 나는 성삼위의 신비 속에 사로잡히게 됩니다.

성령께서는 나를 예수님과 성부와 이어 주십니다. 그분들의 상호적 사랑이신 성령께서는 사랑 안에서 나와 그분들을 연결하십니다. 성령께서 내 안에 살아 계시기에 아무 두려움 없이 사랑 안에서 하느님께 다가갈 수 있습니다. 예수님의 성령께서 내 마음속에 머물러 계시기에 사랑과 신뢰심을 지니고 예수님께 다가갈 수 있습니다.

사랑을 통한 식별

영신식별은 항상 성령께서 내 마음속에 불어넣어 주시는 사랑을 통해서 사랑 안에서 이루어집니다. 하느님과 예수님이 성령을 통하여 내 마음속에 주시는 선물인 사랑은 내가 사랑하며 살도록 힘을 주고, 사랑할 수 있는 내 능력을 키워 줍니다.

이 사랑의 선물은 관상 속으로 몰입할 수 있도록, 신앙의 눈으로 주님을 바라볼 수 있도록, 내 눈이 예수님에게 집중하도록 이끌어 줍니다. 관상이란 사랑을 통한 지식이기 때문입니다.

영신식별이란 사랑을 통한 지식에 바탕을 두고 판단하는 것으로, 관상의 맥락에서 내리는 판단입니다. 식별은 관상적 판단이고 관상적 평가입니다. 그렇기에 늘 사랑을 통해서 사랑 안에서 진행되어야 하는 것입니다.

코린토 1서를 간단히 살펴보면 사랑과 식별에 관해서 배울 수 있습니다. 코린토 교회에는 문제가 많았고 바로 그것 때문에 바오로 사도는 서간을 써 보냈습니다. 가장 커다란 문제는 그들에게 사랑이 없었고, 사랑이 없었기에 식별력이 없어졌고, 식별력이 없어졌기에 평가나 판단을 그르쳐 무척 심각한 문제에 빠져들었습니다. 코린토 신자들은 사랑을 통한 지식이 그리스도인다운 지식임을 몰랐던 것 같습니다. 그리스도인다운 지식을 잘못 생각하였기에, 불행하게도 끔찍한 결과를 낳는 그런 생각에 따라 행동한 것입니다. 그 서간에는 바오로 사도가 그들의 생각을 바로잡기 위해 애쓰는 모습이 담겨 있습니다.

바오로 사도의 서간을 통해 판단해 보건대, 코린토의 그리스도인들은 성령의 특별한 선물, 특히 신비스럽고 비밀스러운 지식을 보여 준다고 여겨지는, 이해할 수 없는 언어로 예언하는 것과 같은 지혜나 지식의 은사를 높게 평가했던 것 같습니다. 다른 교회에 보내는 서간에서 바오로 사도는 그 교회가 지니고 있는 믿음과 희망과 사랑에 대해 찬양하지만, 코린토 신자들에게는 말과 지식에서 풍요로워진(1코린 1,5 참조) 그들에 대해 하느님께 감사를 드립니다. 사도는 그들의 덕이 아니라 그들이 지닌 은사에 대해 찬양합니다. 믿음과 희망과 사랑의 덕이 언급되지 않는다는 점이 문제의 정곡을 찌르고 있습니다. 바오로 사도는 서간 전체에서 바로 이 문제를 지적하고 있습니다.

그들이 받은 말과 지식의 은사에 대해 감사드린 후, 바오로 사도는 한 걸음 더 나아가 그들에게 그리스도인다운 지혜가 부족했음을 암시하며 가르칩니다. 사도는 인간의 말재주와 십자가의 말씀을 비교합니다(1코린 1,17-18; 참조 2,2). 바오로 사도는 말을 하거나 설교할 때 지혜롭고 설득력 있는 언변을 쓰지 않고 오로지 하느님의 성령과 능력만을 드러내려고 하였습니다(2,4 참조). 혹시 누가 모든 지식을 가졌다 하더라도 사랑이 없다면 아무것도 아니라고 뒤에서 지적합니다(13,2 참조). 하느님께서는 이 세상의 지혜가 어리석다는 것을 보여 주셨습니다(1,20 참조). 하느님의 어리석음은 사람의 힘보다 강합니다(1,25 참조). 하느님께서는 지혜롭다는 사람들을 부끄럽게 하시려고 세상의 눈에 어리석게 보이는 것을 택하셨습니다.

서간을 계속 읽어 가면, 코린토 신자들에게 지혜가 부족했음이 분명해집니다. 그들에게는 올바른 판단과 그리스도인다운 식별력이 부족했습니다. 그래서 바오로 사도는 그들을 영적인 사람이라 부르지 않고 육적인 사람이라고 불렀습니다(3,1 참조). 그들 사이에는 질투와 다툼이 가득했습니다. 일치가 깨어져 누구는 바오로 편, 누구는 아폴로 편, 누구는 케파 편 하며 서로 싸워 교회가 분열되었습니다(1,11-16; 3,3-23 참조). 그들은 또 여인들이 모임에서 머리를 가려야 하는지 아닌지에 대해서도 갈라져 싸운 듯합니다(11,2-16 참조).

그래서 결국 세속 법정에 서로 고소하는 지경까지 이르게 되었던 것입니다(6,1-7 참조). 그들은 서로에게 불의를 행하고 속이기도 했습니다(6,7 참조).

코린토 신자들은 지혜만 부족한 것이 아니라 기본적인 신중함과 상식마저 부족했습니다. 주님의 성찬에서 "저마다 먼저 자기 것으로 저녁 식사를 하기 때문에 어떤 이는 배가 고프고 어떤 이는 술에 취합니다"(11,21). 그들은 매춘 행위까지 자주 저질렀던 것 같으며(6,15 참조), 성윤리에 관해서 대단히 심각한 문제를 지니고 있었던 듯 싶습니다(5,1-13; 6,13-20 참조). 때로는 그들의 기도 모임에서 여러 명이 신령한 언어로 예언한 듯하지만 그에 대한 해석은 거의 또는 전혀 없었으며, 매우 혼란스러웠던 것 같습니다(14장 참조). 오순절 모임이나 성령 쇄신 기도회에서 신령한 언어의 예언을 들어 본 사람은 코린토 교회의 모임이 얼마나 혼란스러웠을지 쉽게 상상할 수 있을 것입니다.

더욱이 그들은 말과 지식의 은사로 거만하게 되었고, 자부심에 도취되어 자만에 빠지게 되었습니다(4,6.18; 5,2; 13,5 참조). 이런 맥락에서 13장에 나오는 사랑의 헌장을 읽는다면, 코린토 교회에 근본적으로 부족한 것이 바로 4절부터 7절의 내용임을 알 수 있습니다. 즉 그들은 불친절했고, 인내심이 없고, 시기심에 빠져 있고, 교만함에 빠져 무례했으며, 앙심을 품었고, 믿음과 희망과 사랑을 잃고 있었던 것입니다.

코린토 1서의 핵심은 이 13장입니다. 코린토 교회의 신자들에게 부족했기에 가장 필요한 것이 바로 사랑이었습니다. 그래서 바오로 사도는 은사를 위해서도 기도해야 하지만, 무엇보다 사랑을 위해 기도하라고 그들을 격려합니다. 사랑은 은사보다 훨씬 중요한 것입니다. 이것이 바로 길이며 삶의 방식이고 생명으로 가는 통로입니다(12,31 참조). 사랑이 없이는 은사도 아무 소용이 없습니다. 바오로 사도는 서간의 첫머리에서 찬양한 바와 같이, 코린토 교회의 그리스도인들이 지식과 지혜의 은사를 함양하고 사용하길 원하였습니다. 사랑을 통해 형성되지 않은 지식은 아무것도 아닙니다. 그리스도교다운 사랑을 지니지 않은 지혜는 세속의 지혜일 따름입니다. 모든 은사는 사랑을 통해 형성되고 사랑 안에서 사용되어야 합니다.

참다운 지식이 없었기에 그들은 그리스도교다운 영신식별을 실천할 수 없었습니다. 영신식별은 사랑을 통해 얻는 지식입니다. 그들은 식별력이 부족했기에 그릇된 것을 선택했고, 그래서 바오로 사도가 서간에서 지적하는 여러 문제에 빠지게 된 것입니다.

예수님께 귀를 기울임

'예수님을 아는 것'은 단지 그분에 대한 지식을 갖는다는 것보다 훨씬 더 깊은 의미를 갖습니다. 그것은 바로 그분을 인격적으로 만나는 체험을 뜻합니다. '예수님께 귀를 기울인다'는 것은 우리를 둘러싸고 있고 또 우리 안에서 나오는 여러 소음에서 예수님의 목소리를 구분하는 것, 곧 식별을 의미합니다.

요한 복음은 다음과 같은 예수님의 말씀을 전합니다. "나는 내 양들을 알고 내 양들은 나를 안다. 이는 아버지께서 나를 아시고 내가 아버지를 아는 것과 같다"(요한 10,14-15). 어떻게 예수님이 나를 아시고 내가 그분을 압니까? 성부께서 예수님을 아시고 예수님이 성부를 아시는 것처럼 아십니다. 사랑이며 신적 본성을 하나로 엮으시는 성령 안에서, 예수님과 성부께서는 성령을 통해 서로를 아십니다. 마찬가지로 예수님과 나도 우리를 한데 엮으시는 사랑이신 성령 안에서 성령을 통해 서로 알게 됩니다.

예수님은 계속 말씀하십니다. "내 양들은 내 목소리를 알아듣는다. 나는 그들을 알고 그들은 나를 따른다. 나는 그들에게 영원한 생명을 준다. 그리하여 그들은 영원토록 멸

망하지 않을 것이고, 또 아무도 그들을 내 손에서 빼앗아 가지 못할 것이다. 그들을 나에게 주신 내 아버지께서는 누구보다도 위대하시어, 아무도 그들을 내 아버지의 손에서 빼앗아 갈 수 없다. 아버지와 나는 하나다"(요한 10,27-30).

　예수님은 당신 손으로 나를 감싸 주십니다. 나는 그분에게 속합니다. 그분은 나를 아시고, 당신을 더 깊이 사랑하고 인식하도록 나를 이끌어 주십니다. 당신의 목소리를 들을 수 있는 은혜를 주시고, 사랑을 통해 평가하고 판단할 수 있도록 식별의 은사를 주십니다. 내가 성부의 손 안에 있고 성부께서 나를 예수님에게 주셨기에, 나는 예수님의 손 안에서 안전하게 쉴 수 있습니다.

기도

주 예수님, 저에게 사랑의 은사를 주십시오.
당신 성령의 은총을 제 마음속에 불어넣어 주셔서
제가 늘 사랑의 길을 걸어가도록 가르쳐 주십시오.
당신께서 불어넣어 주시는 성령을 통하여
당신을 더 깊이 알도록 가르쳐 주십시오.
제가 관상적으로 기도할 수 있도록 가르쳐 주십시오.
매일 저를 이끌어 주시어
늘 당신을 바라보며 걷도록 해 주십시오.
늘 당신의 성령과 더불어 걷도록 이끌어 주십시오.
예수님, 제게 식별을 가르쳐 주십시오.
당신께 귀 기울일 수 있는 은총을 저에게 주시고,
그 은총이 자라도록, 그리하여 당신의 목소리를
알아들을 수 있도록 이끌어 주십시오.
저로 하여금 당신의 성령에게서 오는 충동에
민감하고 유순하도록 해 주시고,
당신의 성령에 따라 걷도록 해 주십시오.
아멘.

제12장

식별과 예수님의 어머니

신약성경은 예수님의 어머니이신 마리아의 삶과 인격을 통해 영신식별의 본보기를 제시합니다. 기록되어 있는 마리아의 첫 식별은 예수님 탄생 예고 장면입니다. 마리아는 예수님의 어머니가 될 것이라고 알려 주는 천사의 통보를 식별한 결과, 하느님의 구원 은총이 흘러가는 통로가 되었습니다.

영신식별의 본보기

"은총이 가득한 이여, 기뻐하여라. 주님께서 너와 함께 계시다"는 가브리엘 천사의 말에 마리아는 "몹시 당황하며 도대체 그 인사말이 무슨 뜻일까 하고 곰곰이 생각하였습니다"(루카 1,28-29 참조). 마리아의 당혹감은 아기를 가질 것이라는 말에 더욱 커졌습니다. 그 순간 거기에서 식별한 결과로 마리아는 다음과 같이 말했습니다. "저는 주님의 종입니다. 말씀하신 대로 저에게 이루어지기를 바랍니다"(루카 1,38). 마리아의 식별에 따라 동의가 좌우되었습니다. 그래서 마리아는 하느님께 "예" 하고 동의하기 전에, 지금 벌어지고 있는 일이 참으로 하느님에게서 오는 것인지 아닌지 식별해야 했습니다. 하느님에게서 오는 것으로 식별했기에, 마리아는 하느님의 뜻에 무조건 "예" 하고 대답한 것입니다.

마리아는 계속해서 식별을 실천합니다. 우리는 마리아가 예수님의 탄생과 목동들의 방문 등 일어난 모든 일을 마음속에 간직했을 뿐 아니라, 하느님께서 주시는 빛으로 그 의미를 알아듣기 위해서 마음속에서 곰곰이 생각했다는 것을 알고 있습니다. 카나의 혼인 잔치에서 포도주가 다 떨어졌을 때, 청하면 예수님이 무엇인가 해 주실 것이라고 직관으로 식별하여 알았습니다. 마리아는 "포도주가 다 떨어졌다"고 신뢰심을 가지고 예수님께 단순히 문제를 알렸습니다. 그리고 하인들에게 "무엇이든지 그가 시키는 대로 하여라"(요한 2,3-5 참조)고 말했습니다. 마리아는 식별을 통해서 예수님이 그 상황을 해결해 주시리라 알았던 것입니다.

마리아의 식별은 예수님의 십자가 죽음을 받아들이는 데까지 확장됩니다. 마리아는 가브리엘 천사가 가져온 소식을 듣고 하느님께 "예" 했듯이, 십자가의 발치에서 그 '예'를 행동으로 보였습니다. 식별을 통해 마리아는 엄청난 슬픔과 고통 속에서도 십자가를 하느님의 뜻과 계획으로 수용할 수 있었습니다.

"높은 데에서 오는 힘"(루카 24,49)을 받기 위해 위층 방에서 제자들과 함께 기도하며 기다리는 마리아의 모습은(사도 1,14), 하느님의 구원 계획에서 마리아가 단순히 본보기 이상의 역할을 맡고 있음을 암시합니다. "성령을 따라"(갈라 5,25) 가라는 주님의 부르심과, 우리 삶에서 행해지는 식별에서 마리아가 지닌 의미를 살피려면, 우리는 예수 탄생 예고 장면으로, 하느님의 계획에 마리아가 동의하는 그곳으로 되돌아가야 합니다.

식별의 어머니

신약성경이 마리아에 관해 전하는 기본 사실은 마리아가 예수님의 어머니라는 것입니다. 천사의 말에 "저에게 이루어지기를 바랍니다"는 응답의 말은 바로 예수님의 어머니가 되라는 하느님의 계획을 수락하는 말이며, 구원 경륜에서 당신의 위치를 결정한 것입니다. 마리아는 예수님의 어머니가 되었습니다. 핵심은 마리아가 '지금 이 순간'에도 예수님의 어머니라는 것입니다. 과거에 예수님의 어머니였다고 말하는 것이 아니라, 지금 이 순간도 예수님의 어머니라고 말합니다. 어머니와 아들 관계는 지속되는 것입니다. 즉 마리아가 예수님을 잉태하고 낳고 길렀다는 과거의 역사적 사실에 근거하기에, 그 관계는 영원히 지속됩니다. 한 사람의 어머니는 언제나 그의 어머니입니다.

마리아는 예수님의 어머니로서 어떤 면에서는 우리를 포함한 이 세상과 예수님의 접점이 됩니다. 하느님의 말씀이 마리아를 통해서 마리아 안에서 인간성을 취하시어, 사람 어머니를 둔 사람이 되셨습니다. 예수님은 마리아를 통해서 유일한 우리의 구세주가 되셨고, 성부를 향한 중재자가 되셨습니다. 나는 구세주이신 예수님과 연결되어 있고, 예수님을 통하여 예수님 안에서 성부와 연결되어 있습니다. 예수님이 마리아를 통하여 처음으로 우리에게 오셨기 때문에, 또 그 사실은 영원한 관계를 확정시켰기에, 지금도 예수님은 마리아를 통하여 우리에게 오십니다.

그것은 도대체 무엇을 의미합니까? 그리고 객관적으로 본질적 면에서 무엇을 뜻합니까? 나에게 어떤 의미를 줍니까? 객관적으로 나는 마리아를 통하여 예수님과 관계된다는 것입니다. 그리스도인은 어떤 면에서 마리아의 자녀입니다. 마리아를 통해서 예수님과 연결되고, 마리아의 아드님의 몸인 교회에 속하게 되었기 때문입니다. 예수님을 통해서 마리아와 연결되었다고 말하는 것은 잘못된 표현입니다. 그렇다면 마리아를 예수님보다 우위에 놓거나, 적어도 같은 위치에서 동격으로 간주하는 것일 테니까요. 그렇게 되면 성부의 유일한 중재자이신 예수님의 유일성을 손상시키는 결과를 가져오게 됩니다. 강생의 신비에서 그랬던 것처럼, 예수님은 지금도 마리아를 통해 우리에게 오시기 때문에, 우리는 마리아를 통해 예수님과 연결되는 것입니다. 마리아는 은총의 계획에서 나의 어머니입니다.

제2차 바티칸 공의회는 〈교회 헌장〉(Lumen Gentium)에서 다음과 같이 선언합니다. "은총의 계획 안에 있는 이러한 마리아의 모성은 주님 탄생의 예고에 믿음으로 동의하시고 십자가 밑에서도 흔들리지 않고 간직하셨던 그 동의에서부터 모든 뽑힌 이들의 영원한 완성에 이르기까지 끊임없이 지속된다. 실제로 하늘에 올림을 받으신 성모님께서는 이 구원 임무를 그치지 않고 계속하시어 당신의 수많은 전구로 우리에게 영원한 구원의 은혜를 얻어 주신다"(62항). 마리아는 어머니로서 나를 위해 중재하며 기도합니다. 카나에서처럼 마리아의 중재는 매일의 구체적 상황에서 나를 도와줍니다.

마리아는 내 삶에서 은총의 어머니이기에, 식별의 은총을 얻어 주는 어머니라고 여겨도 좋을 것입니다. 마리아는 예수님께 나를 위해 중재해 주면서, 언제나 예수님의 목소리를 듣고, 무엇이 그분에게서 오는 것인지 식별하고, 그분이 부르시는 것에 "예" 하도록 도와줍니다.

이것이 나에게 무엇을 의미합니까? 예수님과 성령 안에서 살려는 내 삶에 무슨 의미를 줍니까? 마리아가 은총의 계획 속에서 내 어머니라는 사실은 마리아의 중재를 얻기 위해 마리아에게 기도'해야 한다'는 말이 아닙니다. 나는 예수님께 직접 갈 수 있습니다. 하지만 이 사실은 마리아를 통해 예수님께 '갈 수 있다'는 것을 의미합니다. 마리아에게 나를 위해 예수님께 기도해 달라고 부탁하거나, 마리아와 함께 예수님께 갈 수 있다는 말입니다. 마리아는 나의 어머니입니다. 마리아에게서 식별을 배울 수 있습니다. 마리아에게서 성령을 따라가는 법을 배울 수 있습니다.

기도

마리아여, 식별의 은혜를 얻도록
저를 위해 기도해 주십시오.
예수님께서 저에게 당신의 목소리를 들을 수 있는 은혜,
성령을 따라 거니는 은혜,
사랑 속에서 당신을 따르는 은혜를
주시도록 전구해 주십시오.
지금 저를 당신과 함께 예수님께 데려다 주십시오.
예수님, 당신의 어머니 마리아와 함께 당신께 왔습니다.
당신께 식별의 은혜를 청합니다.
당신은 성부와 함께 성령 안에서 한 분이십니다.
성령 안에서 당신과 제가 하나가 되도록 해 주십시오.
당신께서 늘 성부께 귀를 기울이시니,
저도 당신께 귀 기울이도록 가르쳐 주십시오.
당신은 늘 성부께서 원하시는 것을 행하시니,
저도 당신께 늘 "예" 하며
관대하게 응답하도록 도와주십시오.
아멘.

마지막 한마디

관상과 식별의 은혜는 따로 주어지는 것도 아니고 우리에게만 주어지는 것도 아닙니다. 이것은 기도의 은혜입니다. 기도의 은혜는 공동체 안에서 우리에게 주어져 우리를 형성하고 만들어 갑니다. 그것은 주님께서 남을 위해 우리를 쓰시고, 우리가 지체인 공동체를 건설하며, 타인에게 당신의 말씀을 전하도록 하기 위해 주시는 은혜입니다.

"기도를 마치자 그들이 모여 있는 곳이 흔들리면서 모두 성령으로 가득 차, 하느님의 말씀을 담대히 전하였다. 신자들의 공동체는 한마음 한뜻이 되어, 아무도 자기 소유를 자기 것이라 하지 않고 모든 것을 공동으로 소유하였다. 사도들은 큰 능력으로 주 예수님의 부활을 증언하였고, 모두 큰 은총을 누렸다. 그들 가운데에는 궁핍한 사람이 하나도 없었다. 땅이나 집을 소유한 사람은 그것을 팔아서 받은 돈을 가져다가 사도들의 발 앞에 놓고, 저마다 필요한 만큼 나누어 받곤 하였다"(사도 4,31-35). 기도는 나를 예수님의 영으로 가득 채웁니다. 그 영께서는 타인과 함께 나누도록 나에게 기름을 바르십니다. 겁내지 않고 용기 있고 대담하게 예수님을 선포하고 합당한 방법으로 증언함으로써 그분을 나눕니다. 내가 지니고 있는 것을 타인과 함께 나누고, 도움이 필요한 형제자매에게 사랑으로 다가가며, 물질적 소유뿐 아니라 주님에 대한 신뢰와 그분에게서 받은 선물을 함께 나눕니다.

이 책의 목적은 여러분을 기도하도록 돕는 것입니다. 넓게 보면, 이 책은 여러분이 '성령 안에서 살면서' 예수님과 함께, 그리고 그분의 목소리를 듣는 모든 이와 더불어 '성령을 따라가도록' 돕기 위해 쓰였습니다.

주님께서 여러분을 도와 관상과 식별로 당신과 일치한 가운데 성장케 해 주시길 기도합니다. 또 여러분이 성령 안에서 살고 그분을 따라가도록 가르쳐 주시길 기도합니다. 주님께서 여러분을 이끌어 형제자매 안에서 당신을 사랑하고 섬기며 봉사하게 해 주시길 기도합니다.

이 책을 옮기면서

이 책을 처음 읽고 난 후 그 단순함과 명쾌함에 놀랐다. 그동안 기도에 관한 여러 종류의 서적을 많이 읽었지만, 이 책처럼 기도에 관한 핵심 가르침을 아주 쉽게 설명해 주는 글을 본 적이 없다. 단순하고 쉬우면서도 깊이 있고 정곡을 찌르는 것이 페리시 신부님의 특징이다. 그것은 책이나 강의를 통해 느끼는 그분의 모습일 뿐 아니라, 실제 삶에서 만나고 접하면서 담소할 때 느끼는 그분의 모습이기도 하다.

나는 오랫동안 십자가의 성 요한과 예수의 성녀 데레사의 기도에 관한 가르침에 매료되어 왔다. 그분들의 저술을 읽으며 내적 생활에 대한 가르침을 일반 대중이 이해할 수 있는 쉬운 언어로 표현해 보고 싶은 열망에 사로잡히기도

했다. 또한 예수회원으로서 성 이냐시오 데 로욜라의 영성에 매료되어 살고 있기에, 읽고 이해하는 모든 것을 사도적 영성의 관점에서 해석하고 표현해 보고자 하는 것이 나의 주된 관심사다. 바로 이러한 이유 때문에 이냐시오의 식별 영성과 데레사의 관상 영성을 통합하여 설명하는 페리시 신부님의 이 책에 특별히 매료되었는지도 모른다.

페리시 신부님은 기도의 스승이라고 불리는 예수의 성녀 데레사와 십자가의 성 요한의 사상을 아주 단순한 언어로 평범한 그리스도인이 알아듣기 쉽게 설명한다. 또 성 이냐시오 데 로욜라의 식별에 대한 가르침을 알아듣기 쉬운 언어로 풀이하면서, 하느님과의 관계라는 기도의 실체를 '관상과 식별'이라는 두 가지 관점에서 통합하여 접근해 간다. 이러한 접근 방법을 통해 관상과 삶의 일치성을 드러내고 있기에, 페리시 신부님은 이 책에서 놀랄 만큼 단순한 언어로 사도적 영성을 담아 내는 것이다.

사도적 영성의 관점에서 기도에 관해 가르칠 때, 결코 '어떻게 기도할 것인가?'라는 방법을 다루지 않고 하느님과의 관계를 어떻게 성장시킬 것인가를 다룬다. 더 나아가 사도적 영성에서는 일상생활의 현장에서 만나는 다양한 상황에서 하느님의 뜻을 알아듣고 실천한다는 의미에서, 식별의 주제와 연관시켜 기도에 관한 가르침을 다루도록 요청한다.

일반 신자가 기도에 관한 심도 있는 신학 사상을 담고 있는 책을 읽기에는 너무 어렵고, 또 피상적으로 이해하기 쉽다. 또 기도 방법을 세세하게 다루는 책은 무엇인가를 분명하게 제시하고 있어 쉽기도 하고 실제로 도움을 주는 것 같지만, 사실 책을 덮고 나면 삶에서 실천하며 적용하기가 그리 쉽지 않다고 깨닫기도 한다.

하지만 이 책은 교과서 같은 방법적 도식으로 기도 방법을 가르치지도 않고, 복잡한 신학 용어로 기도에 대한 가르침을 설명하지도 않는다. 단지 필요할 때 필요한 만큼 이론과 방법을 그때그때 설명하면서 기도에 대해 가르치고 있기에 마음속에 더 오랫동안 여운을 남긴다. 이 책을 읽는 여러분에게 좋은 도움이 되길 바라는 바다. 끝으로 이 책에서 인용한 《성 이냐시오의 영신수련》은 윤양석 신부의 번역본을 따랐다.

심종혁 루카 신부

참고 문헌

1. 이 책에서 인용되거나 언급된 책 중 한국어로 번역된 것

- 성 아우구스티누스/ 최민순, 《고백록》, 바오로딸.
- 예수의 성 데레사/ 서울가르멜여자수도원, 《천주 자비의 글》, 분도출판사.
- 예수의 성 데레사/ 최민순, 《영혼의 성》, 바오로딸.
- 예수의 성 데레사/ 최민순, 《완덕의 길》, 바오로딸.
- 십자가의 성 요한/ 최민순, 《어두운 밤》, 바오로딸. // 방효익, 기쁜소식.
- 십자가의 성 요한/ 최민순, 《가르멜의 산길》, 바오로딸. / 방효익, 기쁜소식.
- 로욜라의 성 이냐시오/ 윤양석, 《성 이냐시오의 영신수련》, 한국천주교중앙협의회. // 정제천, 《영신수련》, 이냐시오 영성연구소.

2. 옮긴이의 관련 저술 및 연구 논문

- 심종혁,《내 삶의 모험이신 하느님》, 성서와함께, 1999.
- 파르마난다 디바카/심종혁,《내적 인식의 여정》, 이냐시오 영성연구소, 1994.
- 심종혁,《영신수련의 신학적 이해》, 이냐시오 영성연구소, 2009.
- 심종혁, "[영신수련]의 선택 과정 - 1599년 공식 [지침서]의 관점에서", 〈사목〉 171(1993.4), 66-83.
- 심종혁, "이냐시오식 영신식별의 이해", 〈사목〉 172(1993.5), 97-106.
- 심종혁, "영신식별의 한 가지 실천적 방법", 〈사목〉 174(1993.7), 81-92.
- 심종혁, "식별 - 기도와 활동의 기점", 〈성서와함께〉, 238(1996.1), 65-71.

- 심종혁, "이냐시오식 공동 식별을 위한 실천적 제안", 〈사목〉 175 (1993.8), 84-96.
- 심종혁, "성 이냐시오 로욜라의 [영신수련]의 영성적 특질과 유학적 수양론", 〈신학전망〉 102(1993 가을), 100-121.
- 심종혁, "사도적 공동체로서의 예수회의 기원 - 〈첫 사부들의 식별〉의 역사적 배경, 본문 번역 그리고 주석", 〈종교신학연구〉 6집 (1993), 389-419.
- 심종혁, "영신수련의 기원으로서의 이냐시오의 영적 체험", 〈신학전망〉 105(1994 여름), 147-168.
- 심종혁, "〈영신수련〉의 원리와 기초에 나타난 이냐시오의 영적 세계관", 〈신학전망〉 110(1995 가을), 114-136.
- 심종혁, "〈영신수련〉의 '죄 묵상'이 이끄는 구원체험", 〈신학과 사상〉 26 (1998 겨울), 61-83.
- 심종혁, "성 이냐시오 로욜라의 〈영신수련〉과 그 교육적 원리", 〈신학과 철학〉 창간호(1999), 23-48.
- 심종혁, "성 이냐시오 로욜라의 〈영적일기〉에 나타난 신비주의적 특성", 〈신학과 철학〉 제2호(2000), 7-39.
- 심종혁, "성 이냐시오 로욜라의 〈영신수련〉의 구조와 그 역동성", 〈신학과 철학〉 제3호(2001), 39-70.
- 심종혁, "〈영신수련〉의 '그리스도 왕국' 묵상의 위치와 역할", <신학과 철학> 제4호(2002), 65-94.

- 심종혁, "예수회 창립자 성 이냐시오 로욜라의 고유 영성", 〈신학과 사상〉 43(2003 봄), 72-95.
- 심종혁, "〈영신수련〉의 둘째 주간과 고유 묵상들", 〈신학과 철학〉 제5호 (2003), 113-135.
- 심종혁, "영신수련과 파스카 신비의 관상", 〈신학과 철학〉 제6호 (2004), 67-86.
- Luke Jong-Hyeok Sim, S.J., *The Christological Vision of the Spiritual Exercises of St. Ignatius of Loyola and the Hermeneutical Principles of Sincerity (Ch'eng) in the Confucian Tradition*. S.T.D. Thesis, Pontifical Gregorian University, Roma, 1991.

관상과 식별

어떻게 해야 하느님의 뜻을 잘 알아들을 수 있는가?

서울대교구 인가: 1995년 7월 7일
초판 1쇄 펴낸날: 1996년 2월 10일
개정판 1쇄 펴낸날: 2009년 8월 10일
8쇄 펴낸날: 2025년 1월 10일
지은이: 로버트 페리시
옮긴이: 심종혁
펴낸이: 나현오
펴낸곳: 성서와함께
06910 서울특별시 동작구 흑석로13길 7
Tel: (02) 822-0125~7/ Fax: (02) 822-0128
http://www.withbible.com
e-mail: order@withbible.com
등록번호 14-44(1987년 11월 25일)

ⓒ 성서와함께 1996
성경 ⓒ 한국천주교중앙협의회

ISBN 978-89-7635-240-8 93230

* 이 책에 실린 내용은 펴낸이의 허가 없이 전재 및 복제할 수 없습니다.